Winter.

Weihnachten im alten Dresden

Herausgegeben von
Manfred Bachmann

Verlag der Nation

Umschlagbild unter Verwendung einer Postkarte
„Christmarkt auf dem Altmarkt in Dresden"
(Archiv Dr. Heidrun Wozel)

Bibliografische Information Der Deutschen Bibliothek

Die Deutsche Bibliothek verzeichnet diese Publikation
in der Deutschen Nationalbibliografie; detaillierte bibliografische Daten
sind im Internet über http://dnb.ddb.de abrufbar.

4. Auflage 2006
© 2000 by Verlag der Nation Ingwert Paulsen jr.,
Husum
Gesamtherstellung: Husum Druck- und Verlagsgesellschaft
Postfach 1480, D-25804 Husum – www.verlagsgruppe.de
ISBN 10: 3-373-00510-8
ISBN 13: 978-3-373-00510-0

Vor Weihnachten im Kinderland

Einige Tage vor Weihnachten singe ich früh mit meinen vierzig Mädeln nicht wie sonst „Wach auf, mein Herz und singe" oder „Liebster Jesus, wir sind hier" dem lieben Gott zum Morgengruß, o nein, dann hat uns der Weihnachtszeit frommer Zauber ahnungsvoll erfüllt, und wir singen – eine Lust ist's, die Kinder dabei zu sehen – in seliger, erwartungsvoller Freude „Vom Himmel hoch da komm ich her", bis endlich der Morgen da ist, wo es heißt: „Dies ist der Tag, den Gott gemacht!" Wenn es einen Höhepunkt in der Welt unserer Kleinen gibt, so ist dies Ereignis sicher ein festliches. Man muß es nur vorzubereiten und zu gestalten wissen!

Ich glaube, der liebe Gott im Himmel hat seine Freude daran, wenn er nun jeden Tag seine Weihnachtsmorgenlieder hört und gar, wenn er dann noch meinen Mädeln in die glücklich glänzenden Augen guckt, wird er sich so freuen, daß er gleich das Christkindl und den Ruprecht und all seine feinen Engelchen ruft, ihnen das schöne Bild zu zeigen.

Dann müßten wir eigentlich in unserer Schulstube die Lampe anbrennen und mit der gewohnten Arbeit beginnen; aber das tue ich nicht. Da ist's so ein herrliches, dämmriges Dunkel in der Stube. Meine Mädel sitzen wie die Mäuschen. Sie sind ja so klug. Sie wissen ganz genau, jetzt kommt's noch nicht mit Aufsatz, mit Rechtschreibung, mit Sprachlehre. Sie werden doch ihren Lehrer kennen! Nur fein still! Und dann beginnt er zu erzählen oder vorzulesen Weihnachtsmärchen: „Frau Holle", „Hänsel und Gretel", „Schneewittchen"; Weihnachtsgeschichten: „Vom Stern zu Bethlehem", oder die feine von dem Peter Rosegger, wie er Christtagsfreuden holen ging, und am Ende Weihnachtsgedichte: lustige und traurige, und das allerschönste, von des fremden Kindes Heiligen Christ!

Das ist eigentlich das Schönste in der ganzen Schule, ja, einmal sagte eine Klugelse, es müßte doch das ganze Jahr „vor Weihnachten" sein, da wären die Menschen ganz anders und alles wäre so schön und so gut. Und doch meldete sich der Widerspruch. Wenn's das ganze Jahr so wäre, dann wär's nicht mehr so schön. Es könnte nicht das ganze Jahr Weihnachten sein, dann hätten wir eben keine Freude mehr daran.

Kinder sind oft Weise!

Nun möchten sie schon am liebsten den Christbaum in die Stube bringen und Reisig und möchten alles schmücken mit Tannengrün und Fichtenzweigen, daß es ganz nach Weihnachten aussieht. Aber das lasse ich noch nicht zu. Wir haben schon das Bild von den Vöglein im Winter aufgehängt und von Schneewittchen und vom Weihnachtsmarkt; aber der Christbaum kommt erst, wenn ich die liebe Geschichte von Christkindleins Geburt erzähle, und dann stellen wir auch eine Krippe darunter und brennen die Lichter an und singen nicht nur „Ihr Kinderlein kommet" und „O Tannenbaum" und „Morgen Kinder, wird's was geben", nein, dann singen wir ganz heimlich und andächtig „Stille Nacht, heilige Nacht" und ganz laut und kräftig „O du fröhlich, o du selige, gnadenbringende Weihnachtszeit".

Bis dahin heißt es aber die Gemüter noch gewaltig dämpfen. Ihre goldigen Herzen sind ja schon so voll von Weihnachten. Was gibt's da nicht zu erzählen:

„Gestern sind Christbäume gekommen. Ein Mann und eine Frau verkaufen sie. Die Frau hat eine lederne Geldtasche umhängen und die Hände immer so (es wird vorgemacht!) in die Ärmel gsteckt. Und der Mann trinkt so 'nen heißen roten Glühpunsch." – „Bei Richters da gibt's Spielsachen. Ich gehe jeden Tag hin. Man wird da nämlich gar nicht fertig mit Ansehen: Puppen, Soldaten, Eisenbahnen, Küchen und Brat- und Backofen, Bälle, Bilderbücher, Spielschachteln, Kasperletheater und noch viel mehr."

„Und bei Bäcker Biesoldts, da ist richtig Hänsel und Gretel aus Pfefferkuchen und Schokolade, und Schneeflocken fallen vom Himmel, die sind aber an lauter Fäden gehängt, und abends wird ein Licht in das Hexenhäusel gestellt, und da leuchten die Fenster blau, rot und grün, und der weiße Schnee glitzert richtig."

„Bei Lehmanns sind Christkindl aus Marzipan und Ruprechte aus Schokolade und Schlitten mit feinen Sachen drauf, und meine Mutter hat gesagt, drinnen wär's erst fein. Da gibt's ganze Torten von Marzipan und die allerfeinste Schokolade."

„Ich krieg was aus Marzipan", fängt da eine an. „Und ich 'ne Puppe", „ich einen Unterrock", „ich 'ne Schleife", ich, ich, ich!! – Ja, nun ist ein wahres Feuerwerk von Kinderjubel los, und der Kindermund plappert in stürmischem, buntem Durcheinander.

Soll ich ihnen wehren? Dann hätte ich wohl vergessen, daß ich auch einst ein Kind gewesen, daß ich einst mit den Geschwistern schon wochenlang abends im Bette sang: „Morgen, Kinder, wird's was geben", daß wir wünschten und hofften bis ins Himmelblaue, daß wir auch in unendlicher Geduld vor den Schaufenstern stehen konnten, bis uns die liebe Mutter endlich heimholte.

Wir wollen die Kinder gewähren lassen, und gerade vor Weihnachten, weil wir keine Stunde versäumen sollen, Glück ins Kinderland zu tragen.

Bald geht das Backen an. Was werden mir die Kleinen da erzählen: Wo sie backen, wieviel Pfund, wieviel weißes und wieviel schwarzes Mehl, wieviel Butter, wieviel Margarine die Mutter nimmt, wieviel Milch, Eier, Mandeln, Rosinen, Zitronat. – – – Der Lehrer erfährt alles! Der dunkelste Schleichhandel wird hier mit bewundernswerter Sachkenntnis ans Licht gezogen. Es wird alles offenbart, aber auch alles. Aber seid beruhigt, ihr Mütter! Backt eure Stollen mit Mandeln und Rosinen und backt den schönen, knusprigen Kartoffelkuchen, der am Heiligen Abend zu Mittag gekostet wird, backt! Ich verrate nichts. Erstens: Amtsgeheimnis! Zweitens: Auch ich hatte einmal eine Mutter, und fröhliche Weihnachten, als sie lebte, und ich denke, sie würde auch heute für mich, ihren alten großen Jungen, backen. Und ich würde bei ihr stehen wie damals, wenn sie die Mandeln schälte und rieb, wenn sie den Teig unermüdlich knetete und dabei aufpassen mußte, daß ich ihr nicht zu arg über die Rosinen herfiel, und ich würde ihr, wie damals, die Hände um den Hals schlingen, ihr voller Dankes in die gütigen Augen schauen und vor glückseliger Freude und in überquellender Liebe sagen: Mutter … Mutter … Weihnachten … Weihnachten …

Es ist schon so. Vor Weihnachten müssen wir großen Menschen heimkehren in das Kinderland und wieder wie die Kinder sein, so freudig und fromm, so voller maßlosem Staunen und heiligem Wundern im Herzen. Dann haben wir das goldene Schlüsselein zu der himmelblauen Tür, hinter der das ganze deutsche Weihnachtsglück leuchtet, wie die brennenden Lichter auf dem grünen Wunderbaum.

Max Zeibig

Weihnachtserinnerungen
von Wilhelm von Kügelgen (1802–1867)

1809

Unsere künstlerische Tätigkeit beschränkte sich übrigens
nicht bloß aufs Zeichnen, wir schnitzten auch aus Holz
und kneteten allerlei gelungenes aus buntem Wachs, z. B.
kleine, nackte Neger mit Palmbäumen und Kochfeuern,
welche letztere aus brandgelbem Wachse dargestellt wurden. Endlich machten wir auch Papparbeiten und verfer-
tigten überhaupt fast alle unsere Spielsachen selbst nach
Anleitung des Lehrers, der sehr richtig urteilte, daß eben
dieses Anfertigen das beste bei der Sache sei.

Das Genußreichste, was Senff uns lehrte, war die Kunst,
gewisse kleine, trianguläre Gestalten, sonst Krähen genannt, aus Papier zu falten, bei deren Anfertigung jedoch
der letzte vollendende Bruch so schwierig war, daß er gar
nicht gelehrt werden konnte; es mußte einem vielmehr wie
zum Verständnis der Schellingschen Identitätsphilosophie
erst eine glückliche intellektuelle Anschauung kommen
oder, mit anderen Worten, ein großer Seifensieder aufgehen, ehe man es vermochte, die sorgfältigst vorbereitete
Krähe durch jene letzte schöpferische Quetschung zu voll-
enden. Diese Vollendung pflegten wir daher geraume Zeit
hindurch dem Altmeister Senff zu überlassen, bis wir endlich selbst, einer nach dem andern, hinter die Schliche kamen. „Kannst du schon den letzten Bruch machen?" – das
war lange die brennende Tagesfrage unter uns, während es
uns doch ganz einerlei war, ob einer schon die fünfte De-
klination konnte oder nicht.

Inzwischen sollten jene Papierfiguren nach Senffs Willen nichts weniger als Krähen darstellen, mit denen sich
nichts anfangen läßt, sondern vielmehr Soldaten, als welche unsere gehorsame Phantasie sie denn auch willig gelten
ließ, da ihre völlig indifferente Form jedwede Deutung zu-
ließ. Ja, unser guter Wille verbiß sich dergestalt in diese
kleinen, kantigen Gestalten, daß sie uns bei weitem natür-

licher erschienen als jene bleiernen Flachköpfe, die das Ansehen haben, als seien sie aus Herbarien entronnen.

Durch verschiedene Papierfarbe und kleine Veränderungen im Bruch stellten wir nun alle Waffengattungen, selbst Reiter dar, da Senff die Erfindung gemacht hatte, jene Soldaten durch eine höchst geniale allerletzte Manipulation dergestalt zu verändern und auszudehnen, daß sie ein fast transzendentales Aussehen gewannen und Pferden reichlich so ähnlich sahen als früher Menschen. Man brauchte eben nur das Fußvolk draufzusetzen. Endlich wurden aus Federposen und Fischbeinbügeln kleine Wurfgeschütze gemacht, die für Kanonen galten und ihre Geschosse mit Vehemenz durchs Zimmer trieben.

Kaum wüßte ich, daß mir jemals irgend etwas in der Welt mehr Vergnügen gemacht hätte als die Ausrüstung dieser Papierarmee und das Spiel damit. Wir brachten es nach und nach ein jeder auf die ungeheuere Zahl von achthundert bis tausend Mann, für deren Aufstellung wir Risse und Spezialkarten mit Kreide auf die Diele zeichneten. Wer nach zehn Schüssen die meisten Leichen hatte, verlor an seinen

Grenzen, und stündlich veränderte sich die Landkarte in unserem Zimmer wie draußen in der weiten Welt.

So arbeiteten und spielten wir uns in den Spätherbst und Winter hinein, bis die Weihnachtszeit sich mit ihrem wunderbaren Treiben nahte und auch unsere Beschäftigungen mit dem Stempel des Geheimnisses bezeichnete. Das gemeinschaftliche Spielen hatte nun ein Ende, jeder kramte und kleisterte nun für sich, und keiner durfte hinsehen, was der andere machte. Zu letzterem verpflichtete man sich durch Eide, die sehr leicht zu halten waren, da jeder, genugsam von seinem eignen Werk erfüllt, wenig Neigung hatte, von dem anderen Notiz zu nehmen oder etwas davon zu erwarten. Auch mag sich der alte Satz, daß Geben seliger als Nehmen sei, am meisten in den gegenseitigen Geschenken bewahrheiten, die sich Kinder machen, deren Gaben außer dem sogenannten pretium affectionis, was jedoch nur der Geber damit verbindet, nicht den geringsten Wert zu haben pflegen, wie denn auch der Empfänger immer sicher ist, daß jener sich das Ding gewißlich nicht vom Herzen gerissen hat, sondern selber nicht gebrauchen konnte.

Wo nun die eigene Kunstfertigkeit nicht ausreichte oder es an Material fehlte, kauften wir das Fehlende auf dem Weihnachtsmarkt, der in Dresden nach einem eigentümlichen Backwerke der Striezelmarkt genannt wird. Acht Tage vor dem Feste pflegte sich der Dresdener Altmarkt mit einem ganzen Gewimmel höchst interessanter Buden zu bedecken, die abends erleuchtet waren und große Augenlust gewährten. Das Glitzern der mit Rauschgold, mit bunten Papierschnitzeln und goldenen Früchten dekorierten Weihnachtsbäume, die hellerleuchteten kleinen Krippen mit dem Christuskinde, die gespenstischen Knechte Ruprechts, die Schornsteinfeger von gebackenen Pflaumen, die eigentümlich weihnachtlichen Wachsstockpyramiden in allen Größen, endlich das Gewühl der Käufer und höfliche Locken der Verkäufer, das alles regte festlich auf.

Hier drängten auch wir uns des Abends gar zu gern umher, schwelgend in dem ahnungsreichen Dufte der Tannen, der Wachsstöcke, Pfefferkuchen und Striezeln, die in einer den Wickelkindern entlehnten Gestalt, reichlich mit Zucker bestreut, vor allen zahlreichen Bäckerbuden auslagen und Löwenappetit erregten. Nach genauester Prüfung alles Vorhandenen kauften wir dann einige kleine, grüne oder rote Wachsstockpyramiden auf Kartenblätter gewickelt, das Stück zu einem Pfennig, sogenannte Pfefferkuchenzungen zu demselben Preis oder ein paar Bogen bunten Papiers, um unsere Privatbescherung damit auszustatten. Inzwischen konnten wir in unserem Eifer den vom Kalender angegebenen Zeitpunkt nie ganz erwarten und fingen schon an vorhergehenden Abenden an, in Alkoven oder andren verdachtlosen Winkeln unsern Kram geschmacklos aufzustellen, zündeten einige Wachsstockschnittchen dabei an und überraschten uns dann gegenseitig unaufhörlich, bis der wahre Heilige Abend herankam und uns alle überraschte.

Kurioses Zeug

In dem geräumigen Wohnzimmer meiner Mutter stand ein schönes Bild, das, auf einigen Stufen erhöht, den mittleren Teil der Hauptwand fast bis zur Decke füllte. Es war dies eine Kopie des berühmten Dresdener Raffael, die mein Vater unlängst vollendet und der Mutter geschenkt hatte. Diese Kopie wurde damals dem Originale gleichgestellt. Es schien dasselbe, nur ohne die Mängel, welche Zeit und frühere Verwahrlosung hinzugetan hatten. Große Summen waren schon vor der Vollendung dafür geboten worden, allein mein Vater wollte sich nicht davon trennen; es sollte das Palladium seines Hauses werden, und unter dem himmelreinen Auge dieser Mutter Gottes sollten seine Kinder heranwachsen. Auch knüpfen sich sehr selige Kindererinnerungen an dieses Bild, unter dem wir saßen und das ich anzublicken pflegte, wenn die Mutter am Sonntagmorgen aus der Heiligen Schrift vorlas und uns aufmerksam lehrte auf die Worte unseres Erlösers. Seinen vollen

Zauber entfaltete es indessen erst am Weihnachtsabend, wenn die vielen Kerzen brannten und das magisch beleuchtete, wie von innerem Licht durchglühte Bild zu leben schien.

Dieses herrlichen Anblicks erfreuten wir uns zuerst im Jahre 1809, da Volkmanns und Senff den ersten Weihnachten mit uns verfeierten. Die ganze kleine Gesellschaft schien die Augen nicht wieder abwenden zu wollen, und fast hätte es not getan, uns Kinder zu erinnern, daß es heute noch andere Interessen für uns gab.

Unterdessen wir uns nun unseren Tischen nahten und die Herrlichkeiten in Augenschein nahmen, mit denen man uns beschenkt hatte, wurde Senff vermißt. Man hörte aber, daß er gebeten habe, ihm nicht zu folgen, und siehe da! – als die Kerzen des Lichterbaumes im Ersterben waren, da flogen plötzlich die Flügeltüren auseinander und ein Lichtmeer strahlte uns entgegen. Senff hatte den Fußboden des großen Vorsaales dicht besetzt mit Hunderten von kleinen Lampen, die er aus Nußschalen gebildet und zu einem riesigen Halbmond vereinigt hatte. In die Höhlung dieses Türkensterns, der wie Pontius ins Credo in unseren Weihnachtsabend paßte, hatte er die kunstvoll gefertigten Geschenke aufgestellt, die er für uns Kinder gearbeitet hatte: für mich einen Prachtschild mit silbernem Adler, für Alfred einen nicht minder schönen Löwenschild. Der Effekt des Ganzen war sehr überraschend, doch noch nicht genügend für Senffs Erfindungsgabe.

Als man sich sattgesehen, schlug der ideenreiche Künstler der Gesellschaft vor, ihm nach dem Hinterhause zu folgen. Dort befand sich ein zweiter Vorsaal, der zu den Gemächern meines Vaters führte, und hier hatte Senff auf der Diele aus kleinen, von Papier gemachten Häusern, Palästen und Moscheen die Stadt Konstantinopel aufgebaut. Man konnte nichts Saubereres sehen als diese Papierstadt. Dichtgestreuter weißer Sand bezeichnete das Land, blauer das Meer, das von kleinen Schiffen belebt war.

Nachdem nun Senff eine skizzenhafte Erklärung der hervorragendsten Punkte gegeben, bemerkte er, daß Konstantinopel häufig abzubrennen pflege, und damit legte er einen Zunder unter das erste Haus der Vorstadt Pera. Bald brach die Flamme aus, ergriff das nächste Gebäude und die ganze Straße, verzweigte sich nach anderen Straßen, sprang in die Brunnen, die mit Spiritus gefüllt waren, und verbreitete sich über die ganze Stadt. Zuletzt wurde das Serail ergriffen, dessen zahlreiche Türmchen als Miniaturfeuerwerk aufsprühten, die Vorstellung mit Knalleffekt beschließend.

Auf solche Weise wußte unser Lehrer uns stets neuen Stoff zuzuführen, denn natürlich waren wir begierig, alles nachzumachen, von den kleinen Nußlampen bis zu den kleinen Schiffen und Papiergebäuden. Die Festungen und Städte, die wir für unsere Kriegsspiele bis dahin nur als Grundrisse verzeichnet hatten, erhoben sich jetzt zu allen Dimensionen des Raumes, und wir nahmen zu an mancherlei Kenntnis und Geschicklichkeit.

Wilhelm von Kügelgen an seine Braut

Dresden, in der Nacht vom 24./25. Dezember 1826. Ich komme eben aus der Weihnachtsmette in der katholischen Kirche. Um mich herum liegt alles in tiefem Schlaf, nur der Schlag der großen Kreuz-Glocken unterbricht die nächtliche Stille. Die Sehnsucht nach Dir trieb mich aus der Kirche weg, ich hatte Dir soviel zu sagen – aber es ist eiskalt hier im Zimmer, und ein Schauder nach dem andern läuft mir durch die Glieder. Drum gute Nacht, Du Liebe, Liebe! Dies Wort sagt nichts, es klingt nach nichts, aber es sagt alles, wenn seine Bedeutung die ganze Seele füllt.

Den dritten Weihnachtsfeiertag, nachmittag. Vor zwei Stunden kam ich von Lausa zurück, wo ich gestern Rollers Geburtstag mitgefeiert habe. Seine Schwestern hatten mich heimlich eingeladen, und ich spazierte schon vorgestern, mein Pfeifchen im Schnabel, hinaus und traf den Altchen bei der besten Laune. Am Abend ging ich mit ihm noch zu den lieben Hermsdorfern; auf dem Rückweg bei stockfinsterer Nacht und Glatteis verloren wir den Pfad und ich Roller aus den Augen, so daß ich, als es den Berg hinanging, mit den Händen auf der Erde tappen mußte, um nicht seitwärts den Abhang herabzufahren.

Am Geburtstage in aller Frühe ward ich durch das Tapsen großer Stiefel in der Nebenstube geweckt – es war Roller, der im Stockfinstern, halb im Hemde, zu mir herübertrampelte, mich vom Schlafe Halbtoten herzlich embrassierte und mir zu seinem Geburtstage gratulierte. Ehe ich mich besinnen konnte, war er schon wieder weg, und ich konnte ihn nun erst nach der Nachmittagskirche recht sehen und genießen. Nun versammelten sich sehr viele Menschen um ihn, Heynitz kam von Hermsdorf mit allen seinen Damen, und wir saßen in Rollers Studierstube, acht Herren und Damen dicht beisammen unter mancherlei Gesprächen; da die Herren alle rauchten, so mag es wohl für die Damen ein mäßiges Vergnügen gewesen sein, indessen hatten sie doch alle brillant freundliche Gesichter, und der alte Roller war von Herzensgrunde fidel. Nachdem die Fremden fort waren, versammelte er seine Schwestern und Mägde (Hauskinder, wie er diese nennt) um sich, und nun wurde noch bis nachts elf Uhr um Haselnüsse gewürfelt, was wieder für mich ein sehr mäßiges Vergnügen abwarf. Interessant war mir der Wechsel der Gesellschaft, indem zuerst lauter Edelleute, darunter recht vornehme, und dann auf einmal lauter Bauernmägde (Rollers Schwestern ausgenommen, die jedoch in ihrer Kleidung von diesen in nichts verschieden sind) die Stube füllten. Auf jeden Fall führte sich der zweite Teil der Gesellschaft viel bescheidener auf als der erste, und ich konnte Roller mehr genießen, weil ich ihn ganz für mich allein hatte. Als ich heute morgen vor der Kirche Abschied nahm, segnete er mich und nannte auch Deinen Namen mit.

Unser Weihnachtsabend war recht geräuschvoll. Mutter hatte alle Livländerinnen, die sich jetzt in ziemlicher Anzahl hier vorfinden, zusammengebeten, damit sie sich in einem freundlichen Familienkreise an diesem Abend weniger exzentriert fühlen sollten. Weil nun einige darunter sind, die ich und Adelheid nicht wohl leiden mögen, so wünschten wir, sie möchten für diesen Abend einen kleinen Katarrh kriegen. Als ich indes einmal laut mit diesem Wunsche wurde, so verwies ihn mir meine Mutter als lieblos und unchristlich aufs strengste, und Adelheid, die ich sogleich als Teilnehmerin des Wunsches angab, bekam auch ihr Teil. Und siehe da, ein Fräulein v. Brevern, die wir am liebsten hier gesehen hätten, wurde wirklich krank, und die ungewünschten Damen befanden sich so wohl wie die Rehkälber. Ich trieb aber meine Tugendhaftigkeit an diesem Abend so weit, daß ich gerade die beiden Damen, welchen ich ein geschwollenes Zäpfchen mit leichtem Katarrh gewünscht hatte, nach Hause begleitete, obgleich sie eine halbe Meile entfernt wohnen, und von da ging ich dann in die Kirche, aus der ich halb zwei nach Hause kam und für Dich noch die paar Worte niederschrieb.

Am letzten Tag des Jahres 1826. Ich werde der Jahreszahl 26 immer gut bleiben. Es war dies das reichste Jahr in meinem Leben, ob es mir gleich eine böse Sieben zugeführt, wie Du bist. Am Silvester bin ich immer etwas zur Trauer geneigt und finde, daß der Neujahrstag als Festtag zu schnell darauf folgt. Während man noch mit Dank und Trauer dem alten Jahre nachblickt, soll man schon auf der anderen Seite jubelnd das neue empfangen – das geht doch nicht an! Heute abend bin ich auf einen großen Ball geladen, welches, da man mich als Misanthropen kennt, selten passiert, habe aber aus zwei Ursachen abgesagt. Erstens mache ich es mir an diesem Abend gern ein bißchen gemütlich und gehe ohne Not nicht aus dem Hause. Zweitens aber habe ich so lange nicht getanzt, daß ich es nun nicht wage, weil ich fürchte, mich lächerlich zu machen oder wenigstens die andern durch meine allzu freien Touren zu stören. Dieses Bekenntnis lege ich in Deinen Schoß nieder, da ich anderen Leuten sage, ich hätte eine Aversion gegen das Tanzen, und das ist Bällen gegenüber auch wahr. Ich habe mit Vergnügen getanzt, wenn eine schon versammelte fröhliche Gesellschaft aus Mutwillen und innerem Haberstich darauf verfiel. Der Gedanke aber, einzig und allein bloß des Tanzens wegen zusammenzukommen, ist mir, gesetzt auch, ich tanzte wie ein Geck, in der innersten Seele zuwider.

Wilhelm von Kügelgen an seine Mutter

Hermsdorf, am Heiligen Christabend 1832. Soeben ist unser Christbaum erloschen, Julchen hat sich mit den Kindern in die Wohnstube zurückgezogen und ich in mein Kabinett, um Dir die eben genossene Freude zu beschreiben. Es ist dies das dritte Weihnachten unter dreißig, das ich von Dir, liebe Mutter, getrennt gewesen bin. Die beiden anderen, in Rom und Petersburg, waren sehr traurig. Diesmal war es die erste Bescherung, die ich im eigenen Hause mit meinem Julchen vorbereitete. Wir fingen schon zeitig am Nachmittag an, den Baum mit vielen Lichterchen und rotbackigen Äpfelchen zu schmücken, und freuten uns gerade über den schönen Wuchs des Baumes und seinen einfachen Schmuck, als Pötschke kam und uns als Geschenk vom kleinen Georg einen ganzen Haufen Papiersternchen und -kreuzchen und anderen Trödel brachte, den wir an den Baum hängen sollten. Mein Entsetzen war groß, wir hängten das Zeug auch nicht an, sondern verteilten es auf die Kindertischchen. Als alles fertig war, schickten wir nach Heynitzens, welche bei unserer Bescherung gegenwärtig sein wollten, und als sie da waren, zündete ich den Baum an, der sich herrlich ausnahm.

Nun wurden die Kinder aus der Mägdestube herbeigepfiffen. „Ich komme, ich komme!" schrie Bertha und riß die kleine Ernstine mit sich fort, blieb aber dann wie angewurzelt in der Tür stehen und rief immer: „Nein sieh' nur, sieh' nur, Ernstinchen!" Dann trat sie ein und wußte nicht recht, wohin sich wenden. Anna dagegen ging ganz ruhig und lautlos auf ihr Tischchen hin, nahm die Puppe Helene herunter und fing an, damit zu spielen. Als Bertha das Puppenschränkchen mit den vielen Kleidern und der großen Puppe obendrauf entdeckte, fing sie an zu jubeln und zu tanzen; sie ließ alles andere stehen und fing an, ihre Puppe aus- und wieder anders anzukleiden. Anna ging immer mit ihrer Helene im Zimmer herum und bischte und sang sie ein; manchmal rief sie mit dem ihr eigenen Ton einen der Umstehenden an: „Sieh mal das niedliche Püppchen!" Heynitzens gingen nun weg, und nach einem Weilchen rief ich: „Halt! Legt Eure Puppen weg, nun hört alles auf" – ganz erschrocken legten sie ihre Kinder auf die Erde – „denn nun kommt der Großmutter ihre Bescherung", und damit zog ich unter dem Baum die große Schachtel hervor. Beide Kinder schossen wie Pfeile an mich heran, und die anderen stellten sich in einen Kreis. Als das Zinngerät kam, schrien beide Kinder laut auf, ich glaube, Bertha zitterte, als ich die wirklich allerliebsten Zinnsachen auspackte und ihr nun immer ein Stück nach dem andern aus dem Papier wickelte und reichte. Da hörte ich Annas Stimme auf meiner anderen Seite sagen: „Papa gibt arme Anna auch eins." Deine Geschenke, liebe Mutter, nahmen diesmal fürwahr gar kein Ende, auch mir hast Du mit „Bengels Leben" eine außerordentliche Freude bereitet. Julchens Tuch ist vortrefflich; als sie es umnahm, sah sie königlich darin aus.

Den 25. Dezember. Soweit kam ich gestern, als Heynitzens uns zu ihrer Bescherung rufen ließen. Es war recht feierlich und schön, aber an ihrem Baum sah man vor lauter Zwirnsfaden überhaupt nichts Grünes, so hatte Pötschke seine Kunst mit Papierschnipseln bis zur Ungebühr daran erschöpft. Als wir aus dem Schlosse zurückkamen, saßen unsere Kinder am großen Tisch, Anna mit ihrer Arche Noah und Bertha mit der kleinen Kutsche, die nächst der Puppe und den Zinnsachen ihr am meisten Freude macht. Heute morgen genießen die Kinder ihre Sachen nun erst recht ruhig und stark. Bertha hat ihre Puppe schon dreimal aus- und angezogen und sitzt jetzt auf dem Fensterbrett mit dem kleinen Wagen spielend, in welchem sie den kleinen Teufel, der drin saß, mit dem kleinen Mamsellchen, die Adelheid geschickt hat, spazierenfahren läßt. Anna sitzt auf Berthas kleinem Stühlchen, hat das kleine „Hälänchen" auf dem Schoß und sagt ohne Unterlaß: „Ach, du mein gutes, herzensliebes, gutes, liebes Hälänchen." Allerliebst ist, daß Anna über Berthas schöne Sachen gar keinen Neid fühlt; sie ist schon überglücklich, daß sie selbst nun ein paar Bälge für sich besitzt. Bertha hat ihr auch die alten Zinnsachen geschenkt, in denen sie eben zu kochen beginnt.

Julchen ist in die Kirche gegangen, und ich bin Wärterin. Morgen sind wir zu Rollers Geburtstag zu Tisch nach Lausa geladen; ich bin nur froh, daß ich so ein hübsches Geschenk für ihn habe. Du wirst gewiß morgen teilnehmend meiner gedenken, da Du weißt, daß ich den ganzen Tag, erst in der Kirche und dann im Hause, bei Roller geplagt sein werde; ich nehme mir vor, dafür dann einen Tag in der Fastenzeit recht fröhlich zu sein. Ohne Zweifel muß ich morgen mit Roller Schach spielen – das ist das Schrecklichste, weil er partout nicht verlieren darf.

Aus Wilhelm von Kügelgen's Tagebuch

31. Dezember 1832. Heute nachmittag beendigte ich das Bildchen der Madame Verbeck zu meiner Zufriedenheit. Halb vier Uhr nahm ich beide Kinder und ging mit ihnen spazieren; Anna sah unbeschreiblich komisch aus in ihrer dicken Vermummung. Wir gingen ein gutes Stück am Mühlgraben hin bis an die erste Brücke. Hier war ein reinlicher Schneeplatz, wo ich den Kindern erlaubte, etwas herumzutrampeln, und zu ihrem Vergnügen auch mein Gesicht im Schnee abdrückte. Darauf gingen wir links den Berg hinauf und freuten uns, mühselig oben angelangt, der weiten Aussicht und des Keulenbergs, dann wälzten wir uns alle drei im Schnee herum wie das liebe Vieh, und die Kinder hatten einen besonderen Jubel. Nun spielte ich mit Bertha, wir wären Reisende und hätten uns verirrt, müßten den rechten Weg suchen, Anna trug ich auf dem Arm, und bald fanden wir auch zu Berthas Entzücken einen Weg, der uns wieder abwärts nach Hermsdorf führte. Fröhlich wurden die ersten menschlichen Wohnungen begrüßt und die Eingeborenen, die sich zeigten.

Um sieben Uhr fing das Schloßglöckchen hell an zu läuten, und wir begaben uns in die Kapelle, wo wir schon das sämtliche Schloßgesinde versammelt fanden. Bald kamen auch Heynitzens und Blühers, und Roller im Ornat schritt an uns vorüber und begab sich in die kleine Sakristei hinter dem Altar. Nach der Predigt wurde kniend das Vaterunser gebetet und dann „Nun danket alle Gott" gesungen. Nach der Kirche waren wir nebst Roller und den Grünbergern bis gegen zehn Uhr im Schloß.

Dieses liebe verflossene Jahr war das ruhigste und glücklichste unsrer Ehe. Ich erstand von schwerer Krankheit zu neuem Leben, Gott hat meine Industrie gesegnet, Bertha hat eine Gehirnentzündung überwunden, Anna ist von einer bösen Skrofelkrankheit genesen, und wir haben großen Frieden gehabt und Wachstum in der Liebe. Gebe Gott mehr solche Jahre, wie dieses war, und lasse sie uns dankbar nehmen aus seiner Vaterhand! Er förderte uns in Frömmigkeit und Tugend und sei nahe bei uns mit seiner heiligen Gegenwart!

Wilhelm von Kügelgen an seine Schwester Adelheid Krummacher in Tecklenburg

Ballenstedt, den 29. Dezember 1835. Den letzten Gruß aus dem alten Jahre. Noch drei Tage, dann ändert sich die Zahl – eine 6. Das wird Kleckse setzen! Indes ist's doch eine runde, behagliche Gestalt, und also hoffentlich gutmütig und leutselig. Möge sich Euch das neue Jahr so erweisen!

Am lieben Weihnachtsabend haben wir Deiner treulich gedacht, es war der erste in Deinem Leben ohne die Mutter. Der Weihnachtsabend und die Mutter gehören so eng zusammen, daß das Fehlen der Mutter erst dann seinen Schmerz verliert, wenn man selbst Kinder hat. Ganz komme ich aber an dem Abend über die wehmütige, an süßen, lieben Bildern aus der Jugendzeit so reiche Erinnerung doch nicht hinweg, so köstlich es auch war, die leuchten-

den Kinderaugen zu sehen, als unsere schöne Tanne mit ihren dreißig echten Wachskerzen ihnen entgegenstrahlte. Der Seligste war wieder Gerhard, der ein großes Schaukelpferd mit Sattel und Zaumzeug und ein Posthorn dazu beschert bekam. Erst starrte er das Pferd mit großen Augen lange stumm an, dann traute er sich heran und sagte „hat Augen", ging darum herum und sagte „hat auch einen Fanz". Aufzusitzen wagte er aber noch nicht, obgleich er doch ganz furchtlos schon auf Machzums lebendigen Pferden geritten hat. Als jedoch Anna ihn bat: „Bitte, lieber Gerhard, laß mich doch ein bißchen reiten", ergriff er seine Trompete, stieg aufs Pferd und hatte, als dieses zu schaukeln anfing, eine tolle Freude. Adolphus verwandte kein Auge von den Lichtern, nichts war vermögend, seinen Blick abzuziehen, und erst später entschloß er sich, an einer Kinderklapper zu kauen, welche Großmutter ihm geschickt hat. Der Kleine fängt schon an, etwas zu verstehen und Späßchen mit mir zu machen.

Mit Gerhard muß ich jetzt alle Abend Bereiter spielen, was er über alle Begriffe liebt. Er ist dann das Hotto, ich fasse seine rechte Hand in meine linke und lasse ihn in der Volte um mich herumlaufen, wobei ich aber „schöne Musik", d. h. Janitscharenmusik machen und mit der Peitsche knallen muß. Dann rennt er wie ein kleines Wiesel unbeschreiblich schnell im Kreise herum, so daß ihm seine langen weißen Haare um den dicken Kopf flattern; die kleinen Füßchen wechseln schnell unter dem umgürteten roten Rock hervor, und er macht dabei ein so selbstzufriedenes Gesicht, daß er frappant wie der Pastor Roller aussieht. Er ist aber auch, wie dieser, ein Mann, der festhält an alten Gewohnheiten und Gebräuchen: wenn ich nicht allemal dieselbe Peitsche in der Hand habe und dieselbe Musik mache, läuft er lieber gar nicht, auch würde er dieses Lieblingsspiel mit keinem anderen treiben als mit mir. Er ist ein lieber Kerl, an dem ich unendliche Freude habe. Wenn er von sich und mir spricht, sagt er immer: „wir beiden Männer". In etwa sechs Wochen gedenke ich auf vierzehn Tage gen Dresden zu pilgern, um einmal nach Mutter zu sehen und mich selbst etwas aufzufrischen, was ich recht nötig habe. Die willkommene äußere Veranlassung zu der Reise ist, daß eine Zeichnung der Herzogin auf deren Wunsch als Lithographie vervielfältigt werden soll und Zoellner den Steindruck machen wird. Damit es mir nicht wieder geht wie mit Williards Parabelbildern, will ich Zoellners Arbeit persönlich überwachen. Den Vertrieb des Blattes wird der Buchhändler Groening in Bernburg übernehmen, die Originalzeichnung will Siegsfeld mir abkaufen.

Weihnachtserinnerungen
von Ernst Rietschel (1804–1861)

Weil man in kleinen Städten bestrebt ist, alle inneren häuslichen Verhältnisse zu erspähen, um sie unter der Bitte um Verschwiegenheit zum Gemeingut zu machen und zu besprechen, so wurde einerseits alles vermieden oder heimlich getan, was der Ehre des Hauses zu nahe treten und die Voraussetzung erzeugen konnte, daß der so anspruchslose arme Hausstand nur mit Entbehrungen, wie sie selbst seiner Anspruchslosigkeit nicht angemessen seien, durchgeführt werden könne, wie andererseits auch jede kleine Ausgabe verheimlicht wurde, die nicht unbedingt notwendig war, sei es die eines Groschens zu Obst oder Brezeln, oder früh zu einer Semmel zum Kaffee. Es kam das freilich selten vor, galt nur als ein Festvergnügen, und doch wurde es, wenn man jemand kommen hörte, schnell weggeräumt, daß niemand etwa meinen Eltern nachsagen könnte, sie verständen nicht sparsam zu wirtschaften und gäben Geld für Dinge aus, welche besser entbehrt würden. Diese Rücksicht fand nun besonders am Weihnachtsfeste statt. Jede noch so dürftige Familie suchte zum Weihnachtsfest einige Stollen und Kuchen zu backen. Es war dies das eine Mal im Jahre, wo jeder glaubte, ein Recht zu haben, sich einen Genuß zu verschaffen, gleich anderen Menschen von nur einigermaßen besseren Verhältnissen. Jeder hatte durch den lebhaften Verkehr mehr Arbeit und Verdienst, und so fehlte es auch bei meinen Eltern nicht, daß die Mutter einige Stollen und Kuchen backen, daß ein Braten gekauft und daß sogar einigemal für die Mutter vom Vater ein Tuch oder ein kleiner Vorrat von Kaffee, Zucker, Reis u. dgl. als Christgeschenk angeschafft werden konnte. Wir Kinder hatten nur in den frühesten Jahren ein kleines Christbäumchen mit einigem billigen Spielzeug angeputzt erhalten. Ich erinnere mich auch eines kleinen Schattenspiels, das mein Vater gemacht hatte. Vom achten Jahre an kam es zu keiner Bescherung mehr. Die ahnungsvolle glückliche Stimmung für das Fest hatte in der frühesten Jugend, wo ich noch durch die billigsten Kleinigkeiten befriedigt werden konnte, Platz in mir gewonnen. Daß Geschenke und Christbäume später fehlten, vermißte ich nicht. Meine ganze Glückseligkeit konzentrierte sich in den Stollen, die erst am heiligen Abend gebacken wurden, vorher hatte ich die im Jahre gesammelten Pflaumenkerne aufzuklopfen, die statt bitterer Mandeln benutzt wurden. Über die Behaglichkeit dieser Arbeit ging nichts. Erst spät in der Nacht kehrte die Mutter mit dem Backwerk vom Bäcker nach Hause zurück; die Wohnung wurde mit süßem Duft erfüllt. Ich hatte keinen Schlaf empfunden und wachte mit dem Vater, der das Spätaufbleiben erlaubt hatte. Als die Stollen glücklich in die Wohnung gebracht waren, ging ich ruhig ins Bett und erwachte um sechs Uhr früh, wo das Fest mit den Glocken eingeweiht wurde, in gehobener Stimmung, die der Geburt des Christkindes galt und im Hintergrunde der Aussicht auf köstliche Stollen zum Kaffee und schulfreie Festtage.

Mein Vater ging häufig zum Weihnachtsmarkt, auch zu anderen Zeiten, nach Dresden, wo er für meine Tante, welche daselbst ein kleines Kaufmannsgeschäft nach dem Tode ihres Mannes fortsetzte, den geringfügigen Unterhandel übernahm, indem er gebrannte Runkelrüben, die vom Volke als Surrogatkaffee verbraucht wurden, vielleicht 30–40 Pfund, holte und in einem Sack auf dem Rücken von Dresden nach Pulsnitz, fünf Stunden Wegs, mit noch manchen anderen ins Gewicht fallenden Dingen, die er in Kommission anderer Leute mitbrachte, trug. Mein Vater, der diese Runkelrüben im einzelnen verkaufte, hatte von jedem Pfund ungefähr einen Groschen Gewinn, was ihm seine Mühen bezahlt machte.

Ihn freute meine Lust am Zeichnen und Malen, womit ich mich jede freie Stunde beschäftigte. Die Vorlagen dazu suchte ich mir zu borgen. Hatte er nun Geld und konnte einige Groschen für mich entbehren, so brachte er mir einige Nürnberger Kupferstiche nach damaliger Art mit. So hat-

Bilderman.

J.G.FLEGEL SC.

te er einmal um ein kleines gemaltes Blumenkörbchen ge-
feilscht, welches vier Groschen kosten sollte, er konnte es
nicht kaufen, aber er erzählte mir nachher mit aller Wärme
davon, und wie es seiner Schönheit nach billig gewesen sei,
ja er versuchte es aus der Erinnerung zu malen, was mir das
Orginal ersetzen sollte.

Überglücklich machte es mich, als er mir einstmals von
Dresden etwas roten Karmin mitgebracht hatte, für mich
der Inbegriff des Kostbarsten und Teuersten, was es gab.
Ich war über Land geschickt worden, Butter oder Eier zu
holen – der Vorteil der Billigkeit betrug vielleicht einen
Groschen –, und fand beim Nachhausekommen alle meine
Muscheln sämtlich mit frischen Farben gefüllt, obenan
Karmin. Es machte dem Vater Freude, meine Lust zum
Malen und Zeichnen zu befriedigen.

Ich habe es nicht vergessen, wie er ein altes Weihnachts-
verzeichnis von Büchern hervorsuchte, das er wohl drei
Jahre hintereinander jede Weihnachten durchlas, mich immer dazurief, und wenn der Titel „Mit sauber illuminierten
Kupfern" angekündigt war, sagte: „Sieh, Ernst, wenn wir
das kaufen könnten!" und nun mit mir besprach, wie dies
und jenes schön sein möchte. Daß es dem Vater nicht ein-
fallen konnte, einen solchen Wunsch ausführen zu wollen,
wußte ich wie er, denn nach dem Durchlesen wurde das
Verzeichnis wieder hingelegt – aber es war eine glückliche
halbe Stunde für beide gewesen, daß wir hatten denken
können, wie es sein möchte, wenn dies oder jenes Buch
wirklich unser hätte werden können.

Lichterbäume verkaufen

Der Kupferstecher Julius Thaeter (1804–1870) berichtet, wie er im Jahr 1817 sogenannte Lichterbäume verkaufte. Das sind pyramidenähnliche leichte Gestelle aus drei etwa einen Meter langen Holzstangen, die durch Querstäbe miteinander verbunden waren, an der Spitze von einer kleinen Holzscheibe zusammengehalten wurden und im ganzen in der Regel sieben Kerzen auf Lichthaltern trugen. Sie ersetzten die Fichte oder Tanne und wurden in vielen Familien selbst gebastelt. Thaeter schreibt: „Ein Vetter von mir, der wegen Krankheit seinen Dienst verlassen mußte, hatte viele große und kleine Lichterbäume, und zwar auf eine ganz eigentümliche, nette Weise gemacht. Dieselben wollte er auf dem Weihnachtsmarkt verkaufen, doch konnte er sich wegen seiner Krankheit nicht der Kälte aussetzen; darum erbot ich mich, statt seiner die Lichterbäume auf dem Markte feil zu bieten. Es war gerade tüchtig kalt; deshalb hatte ich über meine Kleider einen weiten Rock meines Vetters angezogen, der bei mir die Stelle eines großen Mantels vertrat und meine ganze jugendliche Gestalt verbarg … Wenn nun Jemand einen Lichterbaum von mir kaufen wollte, mußte ich erst die Arme himmelwärts strecken, damit die Rockärmel zurückfielen und ich die Hände frei hatte, um meine Physiognomie von der Pelzmütze befreien zu können. Während dieser Manipulation liefen manche Käufer fort; wenn endlich meine Augen das Tageslicht sahen und den Käufer suchten, war dieser verschwunden, und ich ließ meinen pelzartigen Vorhang wieder fallen; viele aber, denen meine Hantierung Spaß machte, blieben stehen und kauften …"

Aus den Lebenserinnerungen
von Ludwig Richter

Meißen 1828–1835

So flossen Jahre in ungestörter Tätigkeit dahin. Unser Umgang war sehr beschränkt und bestand fast nur aus Besuchen, welche wir von Zeit zu Zeit von den lieben Freunden oder Verwandten aus Dresden empfingen. [...] Einsamer war die Winterszeit, wo die Besuche von Dresden höchst selten wurden oder während der schlimmsten dieser Monate ganz aufhörten. Aber ich erinnere mich doch mit Vergnügen der langen Abende, wo wir fröhlich mit den Kindern um den warmen Ofen saßen und zehnmal gehörte Geschichten von neuem erzählt oder ganz neue erfunden werden mußten.

Der vortreffliche Festkalender vom Grafen Pocci und Guido Görres lieferte Stoff zum Sehen und Hören. Ebenso erfreulich war das Erscheinen von Speckters Fabelbuch, welches in seiner ersten Gestalt, wo die Bilder von Speckter selbst auf Stein radiert waren, von höherem künstlerischen Wert war. Aber Pocci interessierte mich doch bei weitem am meisten und wirkte höchst anregend auf mich. Hatte ich doch für Marie und Heinrich zwei Hefte gemacht, in welche ich am Abend, sobald die Lampe auf den Tisch gestellt wurde, etwas hineinzeichnete, wenn sie brav gewesen waren. Binnen wenigen Minuten entstand unter ihren begierigen Blicken ein Bild zu einer Geschichte, einem Märchen, welches sie eben gehört hatten, oder sie figurierten selbst in eigener Person, vielleicht auch Papa und Mama, ja selbst die komische Christel in dem Bildchen, welches mit derben Strichen ein Haus- oder Straßenereignis desselben Tages schilderte. Ein Reim à la Fibel oder sonstige erklärende Unterschrift vollendete das Opus. Mein Publikum war das dankbarste, es jauchzte oft zwischen meinen auf dem Papier laufenden Bleistift hinein, wenn sie merkten, welche Gestalt sich entwickeln würde oder welchen Bezug die Zeichnung wiederzugeben suchte. Auch die Reime drangen in mein Völkchen und auch zu denen, die mit ihnen verkehrten, und sie schwirrten noch lange bei jeder Gelegenheit durch das Haus. Schade, daß die Hefte allmählich lose Blätter wurden und sich endlich verflatterten!

Wer hätte aber denken können, daß solches „kindische Spiel" der Keim und Vorbote einer ebenso folgen- als freudenreichen Arbeit wurde, die in späteren Jahren mich beschäftigte? Ich meine die Hefte „Fürs Haus". So wurde auch der drei- oder vierjährige fröhliche Besitzer des einen Heftes der spätere Verleger der ernster gemeinten Arbeit.

Ludwig Richter an seinen Sohn Heinrich

Dresden, den 17. Dezember 1849

Mein Herzensheinrich!

Es ist spät abends, schon zehn Uhr vorbei, Sturm und Regen nebst sackgrober Finsternis draußen machen es mir noch huschlig und heimelig, mit Dir zu konversieren. – Ich denke in dieser Woche noch Nachricht von Dir zu erhalten, und Gott gebe, gute. Wenn Du nur nicht ernstlich krank geworden bist, dann sei ja recht vorsichtig und verdirb Dir den Magen nicht an dem Stollen, wenn Du auch wohl bist. So gern hätte ich Dir dies und das geschickt, aber ich weiß nicht was und schicke Dir also lieber Geld in einem aparten Brief, den Du vielleicht früher als die Kiste kriegst, obwohl ich ihn später schreiben werde. –

Für die liebe süße Weihnachtszeit wirst Du wohl etwas Heimweh leiden müssen, wenigstens ist mir's früher so ergangen. Nun, möge unser lieber Herr Christus in Deiner Einsamkeit Dich besuchen und Dir helle Lichter in Deinem Herzen aufstecken, so hast Du die wahrhaftigste und nachhaltigste Christbescherung. Wir werden Deiner im Gespräch und Gebete gedenken, und so bleiben wir doch durch Liebe beisammen, wenn wir's auch leiblich nicht sind. – Die Weihnachts- und Neujahrszeit ist mir immer doppelt lieb und heilig, weil es die Zeit meiner zweiten Geburt, zu einem wahrhaften und besseren Leben, geworden ist, obwohl ich's noch in großer Schwachheit ergriffen habe. Das Leben ist nichts, ist tot und trübe, solange man dies wahrhafte Leben noch nicht gefunden hat, und wenn ich nicht die Sünde in mir und allen Menschen wüßte, so wäre es mir unerklärbar, warum man so dumm ist, nicht tausendmal mehr Fleiß und Anstrengung anzuwenden, zur Behütung, Erhaltung und Förderung dieses Lebens unter Gottes Schutz, Gottes Nähe und in Gottes edlem Frieden. Aber wir sind eben Menschen und vor Gott recht schlechte Kerle, und mit unserer praktischen Weisheit ist's in der Regel wohl nicht weiter her als mit unserer Tugend und Vortrefflichkeit.

Morgens (am) 18. Heute soll nun Deine Kiste fort, und mein Porträt, das ich Dir mitschicken wollte, ist nicht fertiggeworden, weil der liebe Peschel zu wenig Übung darin hat und es also langsamer geht. Die Noten von Schumann hat mir Härtel auch nicht geschickt, ich muß heute eine Zeichnung für Wigand machen, die, weil für ein Geschenk an den hiesigen Rektor Klee (an der Kreuzschule) bestimmt, fix und fertig werden soll. Nachmittag ist Komitee im Kunstverein. – Ich weiß nicht, wo ich bin, und schrieb Dir gern recht viel, daß Du alle drei Weihnachtstage daran zu lesen hättest. Aber freilich schieße ich mit all meiner Schreiberei recht ins Blaue, denn ich weiß nicht, bist Du krank oder hast Du Dich wieder aufgerafft.

[Dresden, den 18. Dezember 1850]

Lieber Heinrich!

Meinen Brief von vorgestern mit 25 Talern Inlage wirst Du wohl richtig erhalten haben, inkl. fünf Taler fürn Heilgen Christ, und der Christstollen folgt anbei … Der Stollen ist, wie ich sehe, ein wahres Ungeheuer geworden, und Du kannst zum Sankt Georg dran werden, wenn Du den Lindwurm würgest! Auch des edlen Tabakskrautes erhältst Du in Zigarrenform, sie sind zum Teil von Kaufmann Peschel, zum Teil auch noch aus dem Kistel von Löschke, letztere versetzen in höchst gemütliche Stimmung und stinken wie angebrannter Bindfaden, was Dir jedenfalls viel Spaß machen wird. Wir werden zum Sonnabend recht an Euch denken, wo ihr jungen Leute Eure Weihnachtsvigilie feiern wollt. Ich werde an jenem Abend im Kunstverein stecken, wo verlost wird. Bei Liebigs wird diesmal der schöne Christabend wohl mit Tränen gefeiert werden, weil Hildegart der seligen Martha ihr Bäumchen hinstellen will, wie sie es dem sterbenden Kinde hat versprechen müssen. – Indes solche Tränen sind nicht die traurigsten, die unter dem

Monde geweint werden, sie haben immer einen stillen Segen bei sich, und der fromme Mensch gewinnt innerlich.

Einen Brief erwarte ich von Dir, und zwar einen recht ausführlichen, wenigstens nach den Feiertagen.

Den 20.

Ich lege Dir fünf „Hebels" bei, es ist mein ganzer Reichtum, und ich muß mir nun selbst ein paar kaufen, weil ich alle sieben Stück weggeschenkt habe. Ich habe es hineingeschrieben, für wen sie bestimmt sind, und Du könntest Dir den Spaß machen, sie zum 24. (Christtag) alle an die betreffenden Freunde abzuliefern und dazu meine besonderen Grüße zu bringen. Freund Thaeter und König grüße von mir und Peschel, und Thaetern werde ich zum Neujahr meinen Brief noch nachsenden, da ich heute keine Zeit mehr dazu finde. Peschel läßt Dich auch recht herzlich grüßen. Er spricht oft von Dir und hofft für Deine innere Entwicklung das Beste. Er sieht in Deinem Wesen und namentlich in Deinem Künstlerkatzenjammer sich selbst ganz und gar und glaubt, Dich zu verstehen. Die „Botenfrau" zeige ja nicht herum, es ist nicht viel daran und noch dazu recht schlecht gedruckt. Löschke plagt mich, für nächstes Jahr ihm einiges zu machen, was er zu Weihnachten rausgeben will und wozu er Dich fragen läßt, ob Du ihm vielleicht die Lieder dazu komponieren würdest. Ich habe weder für mich noch Dich etwas Bestimmtes zugesagt ... Glauben und Vertrauen ist das notwendigste Ding im Menschenleben und die Quelle aller Kraft und hat den guten Erfolg für sich. Frage darüber den Feldherrn und sein Heer, frage den Künstler, den Staats- und den Geschäftsmann, frage Dich selbst. Was man mutig und unablässig erstrebt, das wird einem später sicher. Darauf geht das Sprichwort: „Was man in der Jugend sich wünscht, das hat man im Alter die Fülle." – Der einseitige Verstand, das Klügeln, Vernünfteln und Reflektieren macht uns so schwach und erbärmlich, bricht alle Kraft. – Der Zweifel ist (nach Wolfram von Eschenbach im Parcival) der Übel größtes, der Grund alles schwachen, unmännlichen Wesens. Denke mal drüber nach. Du wirst es auf jedem Gebiete des Lebens bestätigt finden. Denke darüber doch in der Feiertagsruhe nach, es ist ein reiches Thema, daran ich auch gar sehr zu lernen habe. Also hinaus mit dem bleichen, lahmen, grinsenden Gast, der so klug und weise aussieht und uns doch so arm und schwach und dumm macht. Grüße Amslers und alle recht herzlich. Ich muß schließen. Gott mit Dir! NB. Zum Feiertag geh auch hübsch in die Kirche und tue nicht wie ein aufgeklärtes bête.

Dein treuer Vater

NB. Die Musikanten, gestern abend gemacht, kannst Du alle taufen.

1868

Heute am ersten Feiertag war ich in der Kirche. M. predigte über das Evangelium der Geburt Christi. Ich finde schon längst gerade in dieser Geschichte der Geburt (die mit ihren wunderbaren Erscheinungen, da sie das größte Wunder, das Christkind, umgeben, damit eigentlich nicht wunderbar, sondern natürlich erscheint) die höchste Poesie verkörpert. Und muß nicht die höchste Wahrheit auch die höchste Poesie sein? Kann die geoffenbarte Wahrheit Prosa sein, nüchtern und trivial? Dann hätten die Materialisten das Recht auf ihrer Seite, und die seichte Philosophie des Tages. Und was ist denn wahre Poesie? Die Verklärung des Lebens, das Ideale, das Ursprüngliche und Originale, während das Wirkliche an sich dazu sich verhält, wie die Kopie zum Original. Das Wirkliche ist nur schön, indem es vom Ideal berührt und dadurch bedeutend wird.

1869

25. Dezember

Das Elend des Krieges wird tief empfunden, und die Sehnsucht nach Frieden ist der einstimmige Wunsch aller. Die Opfer und Anstrengungen sind ungeheuer. Es wird sehr viel getan, um das Elend zu mildern.

„Ehre sei Gott in der Höhe, und Friede auf Erden", beides möge doch volle Wahrheit werden! – Die Ihn aber aufnahmen, lebendig und wahrhaft, im Herzen und im Leben, waren immer nur wenige, und bei ihnen wird ja das Wort stets seine Erfüllung finden. Geht unser Volk, geht die Richtung unserer Zeit dieser Erfüllung mehr entgegen, oder entfernt sie sich davon? – Komm und bleibe bei uns, Herr Jesus Christ!

Ludwig Richter

Ehre sey Gott in der Höhe
Friede auf Erden.

A. GABER.

37

Sächsische Weihnacht um 1870

Weihnachten kam immer näher. Der Tag des Stollenbackens rückte heran. Die selige Mutter hatte wochenlang gespart; da gab es verschiedene versteckte Butternester mit vollen Stücken, eine Menge Tüten mit Zucker, Rosinen, Zitronat und so weiter. Die Einkäufe wurde besorgt, wie es gerade der Geldbeutel erlaubte – jede Woche etwas. Mutter wußte genau, was noch fehlte und was noch alles sein wollte. Bei fünf Gehilfen, zwei Lehrlingen und der eigenen Familie von vier Köpfen gab es tüchtig zu kochen, zu scheuern und zu waschen. Mutter betätigte sich darüber hinaus auch noch in Vaters Werkstatt; sie mußte dort die gefertigten Schuhe einfassen, was heutzutage die Maschine besorgt. Mutter mußte manche liebe Nacht mit Arbeit zubringen; ich weiß noch, daß Mutter sagte: „Diese Nacht will ich alles in Ordnung bringen, damit ich morgen früh mit allem fertig bin."

Da wurde die Butter ausgewaschen, damit das Salz heraus kam; die Rosinen mußten gelesen werden; die Mandeln wurden seinerzeit noch mit dem Wiegemesser zerkleinert; große Bögen Packpapier wurden mit zerlassener Butter bestrichen, für jeden Stollen ein besonderes Papier, mittels welchem das Gebäck in den Backofen geschoben wurde, was heutzutage nicht mehr geschieht, weil die Backöfen inzwischen eine ganz andere Bauweise besitzen.

Aus einem Weihnachtsbrief des Königlich Sächsischen Bau- und Bahnmeisters I. Klasse Maximilian Wobst (1856–1919) in Dresden geschrieben im Dezember 1910 an seine Kinder

Der erste Christbaumverkäufer

Auch unter den bescheidensten Lebensverhältnissen wurde versucht, das Fest der Geburt Christi mit kleinen Geschenken, dem Verzehr eines Stollens und dem Aufstellen eines geschmückten Bäumchens aus dem Alltag herauszuheben. Der erste Christbaumverkäufer Dresdens ist übrigens namentlich bekannt. Es war der Fuhrmann und Holzhändler Christoph Ernst Willkomm, der bereits im Jahre 1808 einen schwungvollen Handel mit Tannenbäumen trieb. In den letzten Tagen vor dem Fest stellte er seine schönsten Exemplare in der Nähe des Zeughausplatzes auf, und ein Gehilfe mußte ihm in der Geschäftszeit unter die Arme greifen. Bereits Wochen zuvor hatte er die Tannenbäume im Plauenschen Grunde schlagen lassen. Zum Baumschmuck gehörten Äpfel, Nüsse, große Tannenzapfen und Wachsengel. Papierrosetten oder Sterne waren oftmals eigenhändig im Kreis der Familie geflochten, gefaltet und ausgeschnitten worden, um die Zweige zu verzieren. Für arme Familien dienten sie auch als willkommene Einnahmequelle auf dem Striezelmarkt. In den siebziger Jahren des 19. Jahrhunderts wurden bunte Glaskugeln aus Thüringen als Messeneuheit in Leipzig vorgestellt. Um das zerbrechliche Material zu schützen, waren einige Kugeln mit Draht umsponnen. Seit den neunziger Jahren des vorigen Jahrhunderts lockten sie, bewahrt in kleinen weißen Pappkästchen, auch Käufer und Liebhaber auf dem Dresdner Striezelmarkt an.

Heidrun Wozel

Des Ratsschreibers Tagebuch

Dem Ratsaktuar und seiner lobenswerten Ambition, in einem Tagebuch für den Zeitraum 1847 bis 1869 auch den Dresdner Striezelmarkt zu beschreiben, verdanken wir ein anschauliches Bild vom Marktgeschehen um die Mitte des 19. Jahrhunderts. So ist es nicht verwunderlich, wenn Canzlers Name in unserer Christmarkthistorie mehrfach als der eines Kronzeugen genannt wird. Auch der Archivar Heinrich Butte hat 1954, als er in sorgfältigem Aktenstudium die Nachrichten über den Markt für eine Ausstellung zusammenfügte, die interessanten Mitteilungen Canzlers gewürdigt. Neben der zeitgenössischen Presse (Dresdner Anzeiger, Dresdner Nachrichten, Leipziger Zeitung u.a.) und den Marktverzeichnissen waren sie eine wertvolle Quelle für das Marktbild im 19. Jahrhundert und das breit gefächerte Angebot von sächsischen Waren.

1847 rühmte Canzler nach einem Gang über den Striezelmarkt die Warenfülle der Spielwarenbuden. Und als er 1860 nach seinem Striezelmarktrundgang zur Feder griff, bewegte ihn vor allem der „bezaubernd schöne, märchenhafte Anblick" der Stände mit Pyramiden: „Die schönsten Pyramiden sieht man auf der Badergasse und Galeriestraße, da präsentiert sich eine neben der anderen, so schmuck und zart und feierlich in mannigfacher Abwechslung sowohl in Form als im Gewände". Unter dem Datum des 17. 12. 1864 schrieb er in sein Tagebuch, daß sich „der Markt mit Tannenbäumen von Tag zu Tag belebt, so daß den Pyramiden eine recht bedenkliche Konkurrenz erwächst. Die schönen Pyramiden werden durch den Christbaum immer mehr verdrängt". Allerdings ließ Canzler diesen Wandel auch in seinem eigenen Haus gelten. Schon zum Christfest 1864 beanspruchte ein Tannenbaum den Platz seiner weiß und golden bemalten Pyramide. „Die Pyramide liegt auf dem Dachboden, zur Neuherstellung war keine Zeit mehr" – schrieb er nieder.

Hugo Bürkner, Striezelmarktszene, 1851

Aus Canzlers Aufzeichnungen erfahren wir auch, daß auf dem Christmarkt beleuchtbare „Weihnachtshäuschen mit Moosgärtchen" angeboten wurden. Und 1848 hat der Ratsarchivar bei seinem Rundgang in der Buchbinderreihe eine dicht umlagerte Bude mit politischen Schriften und Bilderbogen entdeckt; vor dem Hintergrund der zeitgenössischen revolutionären Ereignisse war sie hochaktuell. 1861 wird der Verkaufsstand als „Karikaturenbude" erneut erwähnt. Näheres zu den verkauften Blättern ist leider nicht zu erfahren.

Die Buchbinderreihe hat gewiß immer einen besonderen Anziehungspunkt gebildet. Das vielgestaltige Angebot reichte von Flugblättern, Gesang- und Gebetbüchern, Volkskalendern und Schulbüchern bis zur sogenannten Erbauungsliteratur. Für die Damenwelt gab es Modekalender, für die Jugend Geschichten- und Bilderbücher (Robinsonaden, Gullivers Reisen, Struwelpeter u. a.).

Zum Weihnachtsfest fanden die zahlreichen Buntpapie-
re, Weihnachtssterne, Pappschachteln, die Poesiealben,
Stammbücher und Oblaten viele Käufer. Außerdem gab es
Sammel- und Schaubilder, Patenbriefe, Ausschneide- und
Modellierbogen, Adventslaternen sowie die beliebten far-
bigen Glückwunschkarten und Briefbogen für Grüße und
Neujahrswünsche an Eltern und Paten. In der Nähe dieser
Buden zeigte man Guckkästen und Kaleidoskope, aber
auch die Laterna magica als besondere Neuheit.

Nach einem Marktverzeichnis von 1841 fanden sich nun
auch Händler mit Lebensmitteln, vor allem aber mit Grün-
waren ein. Sie stammten meist aus den Dörfern Reick,
Zschertnitz, Nöthnitz und Leubnitz-Neuostra und po-
stierten sich mit ihren Verkaufsständen auf dem Neu-
markt.

Auch Händler aus Italien haben zeitweise den Markt be-
liefert. Namentlich bekannt ist ein Herr Pusinelli, der mit
Galanteriewaren zeitgenössische modische Bedürfnisse
befriedigte. Italienische Gipsfiguren waren ebenfalls sehr
gefragt. Ein Bildhauer hatte Wachsfiguren modelliert, z.B.
Weihnachtssengel, die mit Goldpapier verziert wurden.
Großen Zuspruch fanden zudem Tabakwaren, vor allem
der bekannte Schneeberger Schnupftabak „mit dem Moh-
ren". Ganz in der Nähe hatte der Drechsler Sparmann mit
selbstgefertigten Tabakspfeifen seinen Stand.

Nach dem Grundsatz „Ware bei Ware" gab es eine Zinn-
gießer- und eine Klempnerreihe mit Kupferschmiedsbude,
eine Messerschmiederreihe, und die Knopfmacher hatten
sich – vom ältesten bis zum jüngsten Meister – in der Loch-
gasse (Johannstraße) aufgestellt. Drechsler, Tischler, Nad-
ler, Bürstenmacher, Hutmacher, die auch Filzschuhe ver-

kauften, und Händler mit Schirmen fehlten nicht. Eine Frau Liske handelte mit selbstgearbeiteten Hauben, Hüten, Blumen und Federgestecken. Besonders reichhaltig war das Angebot an Textilien, Posamenten und Kurzwaren in einer Tuch- und Zeugreihe. Frankenberger Zeughändler hatten sich in einer Kattunreihe der Krämer und Kaufleute eingruppiert. Großen Absatz fanden auch der Schnur-, Band- und Zwirnhandel sowie das Angebot an Spitzen und Leinenband.

Das Spielzeugangebot umfaßte natürlich den größten Teil des Christmarktes. So ist es nicht verwunderlich, daß in den Marktverzeichnissen von einer „großen Puppenreihe" die Rede ist, die hauptsächlich Seiffener Händler vereinigte. Eine Attraktion war um die Mitte des 19. Jahrhunderts der in Dresden ansässige „Schweizer Bäcker Robby" mit feinen Backwaren. Offenbar zählte er zur „Konditorreihe"; hier wurden auch Konfitüren angeboten. In der „Pfefferkuchenreihe" hatten sich vorwiegend Bäcker aus Friedrichstadt einen Standplatz verschafft. Aus der Meißner Gegend kam gebackenes Obst auf den Striezelmarkt, und auch aus Böhmen waren Obsthändler vertreten. Die Krönung aller lukullischen Genüsse zum Christfest bildeten jedoch nach wie vor die Mandel- und Rosinenstollen.

Heidrun Wozel

Spaziergang über den Striezelmarkt 1899

Zu jener Zeit, da das Jahr 1899 sich anschickte, ins neue Jahrhundert hineinzuwachsen, in diesen Tagen und Wochen um die Jahrhundertwende schlenderten Eckardi und Exner über den Altmarkt. Es war die Zeit des Striezelmarktes, und die Pulsnitzer Pfefferküchler, die Bunzlauer Töpfer, die erzgebirgischen Spitzen-, Spielzeug- und Besenhändler hielten ihre Waren feil. Die beiden jungen Offiziere trugen den silbergrauen Uniformmantel, dazu die hohe Mütze, die vorschriftsmäßig und doch ein wenig keck und schief auf dem scharfgezogenen Scheitel saß. Den Säbel schleppten sie leicht hinter sich her, an den Lackstielen klirrten die Sporen. Eckardi war ein mittelgroßes Bürschchen mit einem hübschen, ein wenig leeren Gesicht, einem Bürstenbärtchen auf der Oberlippe und einem Glasscherben im Auge. Exner hatte regelmäßige, ein wenig steife Züge und sah verläßlich aus.

Als die jungen Leute so dahinschlenderten, sich durch die engen Budenreihen schoben, aus denen flimmerndes Weihnachtsgold, bezuckerte Pflastersteine, bemalte Pfefferkuchenherzen, kunstvolle Wachspyramiden, Krippenspiele und goldhaarige Weihnachtsengel zum Kaufe lockten, fühlten sie sich getragen von einer warmen Welle der Begeisterung, die ihnen, den jungen Vaterlandsverteidigern galt. Es war ihnen nichts Neues. Die gleichen strahlenden Augen, die gleiche Beflissenheit sahen sie überall, wohin sie auch kamen. Da waren die Eisenbahnschaffner, die Kellner, Hotelpförtner, Briefträger, Pferdebahnschaffner, die Schuster, Schneider und Friseure, viele unter ihnen selbst alte Soldaten, die ihnen durch ihr Verhalten bestätigten, was das bedeutete: der Herr Leutnant! Der Stolz des Vaterlandes, einer von denen, die es einstmals groß und mächtig gemacht und die es in der Stunde der Gefahr verteidigen mußten!

Eckardi und Exner lernten begreifen, daß sie wohl als halbe Kinder ihr persönliches Ich aufgegeben, es aber jetzt

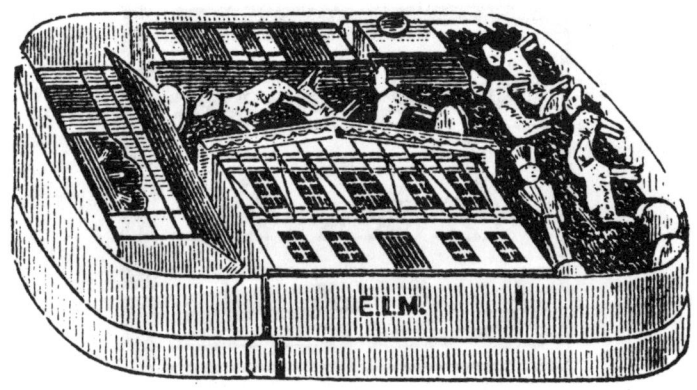

in neuem Glanze zurückerhielten. Gewiß, ihre Jugend war hart gewesen. Sah es nicht aus, als wären sie dadurch in ein neues, glanzvolles Daseinsgefühl emporgehoben worden?

Selbst Exner, der alles sehr ernsthaft und gründlich zu beleuchten pflegte, konnte sich eines gehobenen Wohlgefühls nicht erwehren. Sie liefen beide auf guten und sicheren Geleisen, und die Vorschriften des Dienstes in ihrer kurzen Eindringlichkeit waren ihnen Stecken und Stab. Eine besondere Gunst war ihnen widerfahren: sie standen in der Residenz in Garnison und genossen fast berauscht den Zauber ihrer Vaterstadt.

Wie bunt war das Leben in diesem fleißigen Lande! Eckardi und Exner, den Knabenjahren noch nicht ferngerückt, freuten sich an den Räuchermännchen und Lichterweibchen, den winzigen Spielzeugdörfchen mit ihren Bauernhöfen und nadelspitzen Kirchtürmen, den Planwagen und der ehrwürdigen, gelben Postkutsche, an der Arche Noah mit ihren Schäfchen, Eseln und Öchslein. Die Spielzeugdreher aus Seiffen, hagere, bewegliche Erzgebirgler, riefen sie an ihren Stand heran und zeigten stolz das Werk ihrer kunstfertigen Hände: die ganze königlich sächsische Armee, lauter winzige, hölzerne Vaterlandsverteidiger, Ulanen und Grenadiere, Schützen und Karabiniers, Jäger,

Husaren, Infanteristen, dazu puppenkleine Kadettchen. Nichts war vergessen, und jede Uniform stimmte haargenau. War es ein Wunder? Auch hier im Erzgebirge gab es alte Soldaten, die in verschneiten Dörfchen der lustigen Soldatenzeit nachträumten.

Die jungen Leute bewunderten die Arbeit der Wachsbleicher und Wachszieher, die große, kunstreiche Pyramiden aus buntem Wachs mit wunderfeinen Fingern geflochten hatten. Sie atmeten den süßen Durft des Bienenwachses und sahen das rosa Christkind in der Krippe liegen. Sie hörten die knorrige Gebirglermundart der Leute vom vogtländischen Gebirge, die alljährlich zum Weihnachtsmarkte zogen, der Besenbinder aus Schönheide, der Männer mit dem Schneeberger Schnupftabak, der Rußbuttenmänner aus Kühnheide und Stützengrün. Sie hörten singen und klingen, Weihnachtschoräle und Militärmärsche aus den Buden der Leute von Klingenthal, die ihre Mund- und Ziehharmonikas anboten. Eckardi und Exner gerieten in ein musikalisches Durcheinander – von der einen Seite klang die Weise von der Heiligen Nacht an ihr Ohr, von der anderen Seite Takte des Großenhainer Regimentsmarsches wie trippelnde, unruhige Pferdefüße.

Sie suchten sich mit stelzenden Storchenschritten ihren Weg durch ein Feldlager bunter, drolliger Töpfchen, diese mit Tupfen, mit Namen und jene goldenen, die wie glänzende Weihnachtskugeln auf ihrem Strohlager ruhten. Sie hörten die rollende Mundart der Leute aus der Oberlausitz, die hinbreiteten, was das Jahr hindurch am Webstuhle geschafft worden war. Endlich strichen sie freundlich über die Kinderköpfchen mit den blaugefrorenen, tropfenden Näschen, die ihre schwarzen, mit Goldschaum beklebten Pflaumentoffel den Käufern entgegenstreckten.

Herrliches, kunterbuntes Sachsen! In dem niemand sich zu langweilen braucht, weil niemand da ist, der müßig geht oder Grillen fängt. Fleiß macht fröhlich, und Fröhlichkeit erhält regsam! Eine alte Weltweißheit wurde hier zur Wirklichkeit, zwei starke Lebenstriebe reichten einander die Hände, zwei große, vielleicht die größten Gaben des Geschicks an das Menschengeschlecht wurden hier sichtbar. Hier auf diesem uralten, von hohen und edlen Giebeln umsäumten Markte erklang das frohe, mitfortreißende Lied der Arbeit! Da war niemand, weder jung noch alt, dem das arbeitsreiche Jahr und jetzt das Sitzen und Feilhalten von des Fleißes Früchten verdrießlich gewesen wäre. Die alten Frauen neben ihren Kanonenöfchen, vor sich das Töpfchen mit dünnem sächsischen Kaffee, machten die Vorübergehenden lachen mit ihren Späßen, die alten Männer mit den Stummelpfeifen im Munde, rote Fäustlinge an den Händen, sparten nicht an drolligen Zurufen, und auch die Kinder, die auf eiskalten Füßchen, ihre Toffel im Arm, einhertrippelten, schrien ihr „Kauft Pflaumentoffel" mit dünnen, schrillen, aber vergnügten Stimmen.

Wie nahe standen die beiden Leutnants noch den Knabenjahren! Sie suchten nach ihren Börsen, um füreinander kleine Scherzgeschenke zu erhandeln. Eckardi entzückte ein großes Herz der Pulsnitzer Pfefferküchler, das in rosa Zucker gegossen die Zahl „1900" trug, mit dem Verse darunter:

„Im zwanzigsten Jahrhundert
Hat mancher sich gewundert."

Eckardi wollte sich ausschütten vor Lachen über diesen Vers. Exner erstand das Herz für den Kameraden, und die-

ser wiederum wollte nicht zurückstehen und kaufte seiner-
seits ein kleines Angebinde: einen winzigen Schaumbesen
oder Quirl, dafür bestimmt, im perlenden Sekt die Bläs-
chen freizuquirlen, damit das köstlichste Getränk noch
besser munde. Er ließ das kleine Ding aus Silberdraht in
seiner Tasche verschwinden und bedachte dabei, was doch
alles erfunden wurde, um dem Menschen des zwanzigsten
Jahrhunderts das Leben mundgerecht und behaglich zu
machen. Das Kuchenherz, der kleine Quirl dünkten ihm
ein vielversprechendes Zeichen für den Jahrhundertbe-
ginn.

Doch da merkte er, wie Exner neben ihm zusammen-
ruckte und bis zum Mützenrand hinauf errötete. Durch
die Budenreihen kamen, Paketchen im Arm, die Damen
Eckardi. Noch im Schreiten grüßten die jungen Offiziere.
Die Bewegung war geschmeidig und elegant, sehr sicher,
beherrscht und überaus wohlerzogen. Die jungen Mädchen neigten anmutig die Köpfe, Erika, die Mutter, fühlte
ihr Herz vor Stolz klopfen, als sie Eddy, den vergötterten
Sohn, in seiner Leutnantsherrlichkeit daherkommen sah.
Paul, ihr Gatte, war nur Zivilist, nur Beamter gewesen. Die
jungen Mädchen trugen kurze, knappe Krimmerjacken,
die im Nacken hochstanden und die Köpfe anmutig um-
rahmten. Kleine, kecke Hüte saßen auf den gelockten
Frisuren, von Schleiern umspannt, die große, schwarze
Sammettupfen trugen. Von Zeit zu Zeit führten sie
Spitzentüchlein an die Nasenspitzen, weil sich unterm
Schleier bei der strengen Kälte gern Tröpfchen bildeten. Sie
hatten beide frische Wangen und blanke Augen, Li, sicherlich die Hübschere von beiden, hatte große, dunkle, ein
wenig flackernde Augen, die neugierig und unruhig über
die Dinge hinhuschten, um sich endlich an der Erscheinung des jungen Exner festzusaugen. Monika schaute kühl
und beobachtend drein, in kritischem Abwägen, in klugem
Ernst. Als die beiden Gruppen einander begrüßt hatten,
geschah es, daß Edgar in brüderlicher Aufmerksamkeit der
kleinen Schwester das bemalte Kuchenherz überreichte.
Monika schälte es aus seiner Hülle, und ihr Blick blieb auf

der Aufschrift haften, nicht im Übermut, wie der des Bruders, sondern fast in Bestürzung.

Der jungen Monika wollte es aus besonderen Gründen scheinen, als ob das Wundern im neuen Jahrhundert bald, sehr bald beginnen könne.

Erika, die Mutter, trieb die Töchter zum Weitergehen. Sie hätte ein längeres Verweilen inmitten des Volkes unschicklich gefunden. Die jungen Offiziere legten also die Rechte im weißen, rehledernen Handschuh an den Mützenrand und grüßten zum Lebewohl.

„Herrgott, ist das Leben schön!" seufzte Eckardi, zufrieden, daß die Welt so und nicht anders eingerichtet war. Auch Exner seufzte, aber beklommener, ahnungsvoller. Schön war es, das gab auch er zu. Jedoch: dahinter stand eine große Furcht oder ein großes Entzücken und ihm schauerte, wenn sein Blick den dunklen Augen Elisabeths begegnete.

In diesem Augenblick wurde Eckardi hart angerempelt von irgend jemand, der des Wegs kam, wie es im Gedränge wohl geschehen kann. Aber die jungen Offiziere waren doch bisher unbehelligt durch die Budenreihen gegangen, immer freundlich vorwärtsgeschoben, ja, man hatte ihnen sogar meist ehrerbietig Platz gemacht. Jetzt geschah es, daß jemand Eckardi hart anstieß auf eine ganz ungehörige Art.

Er fluchte, wandte sich um, den Kerl, der ihm solcherart zunahe getreten war, ausfindig zu machen. Er glaubte auch, eine dunkelblaue Schirmmütze zu erkennen, konnte sich aber auch geirrt haben. Denn in diesem Augenblick wurde eine der blakenden Petroleumfunzeln der Bude, an der sie standen, durch jähen Windstoß ausgeblasen. Es entstand eine unfreundliche Dunkelheit im nächsten Umkreis, das Schneegestöber kam hinzu, Eckardi sah nicht mehr die Hand vor den Augen. Nur eine große Verdrossenheit über den Zwischenfall war in ihm zurückgeblieben. Unwillkürlich drängte es ihn zu Exner, der neben ihm stand. Eine warme Woge echter Kameradschaftlichkeit brauste über Eckardis Herz hinweg. Nie hatte er davon gesprochen, aber heute mußte er es Exner einmal sagen, wollte es auch von ihm hören:

„Alter Schwede!" sagte er und streckte ihm die Hand entgegen, „auch im zwanzigsten Jahrhundert: wir halten zusammen! Schlag ein!"

Doch merkwürdig … Exner hatte seine Worte gar nicht gehört. Er hatte sie gar nicht hören können, denn er hatte sich schon vorher zur Seite gewandt, um den Damen, die davongingen, nachzublicken. An der Ecke der nächsten Budenstraße wandte sich die junge Elisabeth um und tauchte mit einem langen, flammenden Blick in den des Leutnants. Exner schlug vor diesem Blicke die Augen nieder und stand da wie verzaubert.

Er hatte deshalb nicht hören können, was Eckardi zu ihm sagte.

Eckardi verharrte noch immer, die Rechte ausgestreckt, stand noch eine ganze Weile so. Dann ließ er seine Hand enttäuscht herabfallen und kam sich dumm vor.

Lenelies Pause

Stollen und Striezelmarkt in Dresden

Als Weihnachts- oder Neujahrsgebäck gehört der Stollen zu den sogenannten Gebildbroten. Die volkskundlichen Deutungen seiner Form sind verschieden. Wie der Bezeichnung „Stollen" zu entnehmen ist, war das Gebäck zumeist kastenförmig, pfostenartig gebildet. Zum ursprünglichen Namen Weihnachtsstollen (belegt 1506 für Plauen, Vogtland) gesellte sich in Sachsen im 18. Jahrhundert der Begriff Christstollen.

Die Heimat des Stollens ist in Sachsen und in den benachbarten Gebieten zu suchen. In einer Urkunde der Stadt Naumburg an der Saale heißt es 1329: „In der Christnacht sind uns (der Herrschaft) und unseren Nachfolgern zwei lange Weizenbrote, sogenannte Stollen, zu denen ein halber Scheffel Weizen verbacken worden, abzuliefern." (Fronverzeichnisse aus dem 14. bis 16. Jahrhundert, die für verschiedene Orte erhalten geblieben sind, bestimmen genau, wer Stollen einzubringen hat und welches Gewicht diese haben müssen.) Der Brauch des Stollenbackens strahlte nach Norddeutschland und Franken aus, währenddessen Süddeutschland für den Stollen fast „immun" blieb.

Der „Weltruf" des Dresdner Stollens resultiert nicht zuletzt aus seiner engen Bindung an Dresdens berühmten Weihnachtsmarkt, der mit zu den ältesten in Deutschland zählt. Den ersten Nachweis von seinem Vorhandensein bietet eine Urkunde vom 19. Oktober 1434. Ihrem Inhalt gemäß wurde der Weihnachtsmarkt zunächst nur am „Heiligen Abend" abgehalten. Später scheint man ihn jedoch auf den dem Christfeste vorangehenden Montag verlegt zu haben, wofür sein Name „Striezelmontag" spricht. Der Markt hatte also ursprünglich nur die Aufgabe, die Bewohner der Stadt mit dem damals schon beliebten Weihnachtsgebäck zu versorgen. Im Namen „Striezel" klingen die mittelhochdeutschen Bezeichnungen „strucel" und „strutzel" nach. Der für Sachsen weitverbreitete Begriff

„Christbrot" findet in Dresden zum ersten Male im Jahre 1474 urkundliche Erwähnung. 1499 ist vom „strutzelwahen" die Rede. Diese urkundlichen Nachweise bieten uns einen interessanten Einblick in das Marktleben. Für den eintägigen Markt hätte es sich nicht verlohnt, Buden oder geschützte Marktstände zu errichten. Die Weißbäcker legten die feilgebotenen Strietzel auf Bretter, die der Rat gegen eine Gebühr leihweise überließ. Später legte man die „Strutzelbreter" auf kleine, ebenfalls vom Rat entliehene Karren (strutzelwahen). Im Laufe des 16. Jahrhunderts hat die Beliebtheit des Stollens unter den Dresdner Bürgern sehr zugenommen. Dafür spricht, daß um 1560 selbst der „regirende burgermeister inn weynachtsfeiertagen nach altem gebrauch dy herrn (= Ratsherren) inn dy strutzel zcu laden und eynn abentcollation impensis senatus zcu geben pflegte". Zu Beginn des 17. Jahrhunderts, seit 1617, erhielten die Ratsherren für die bis dahin übliche Lieferung von Strietzeln eine Ablösungssumme von je einem Reichstaler (sog. Strietzelgeld). Noch 1611 wurden einem Siebenlehner Bäcker für die Lieferung von 43 Strietzeln für die Ratsherren 13 Gulden und 15 Groschen bezahlt. Der „Strietzelmontag" galt sogar als Termin zur Zeitbestimmung, ähnlich der Heiligentage. In einer Ratsrechnung von 1573 wird erwähnt, daß Hans Scholze aus dem Ratskeller eine Weinlieferung erhielt „den Montag vor dem Strietzelmontag". Auch zinspflichtige Bauern aus der Umgebung der Stadt brachten ihre Lieferung am Strietzelmontag nach Dresden, um zugleich den Markt besuchen zu können.

Die Dresdner Weihnachtsstollen verdanken ihren Weltruf nicht nur den ansässigen Bäckern. Ursprünglich brachten die Bäcker aus Siebenlehn und Dippoldiswalde ganze Wagenladungen voll köstlicher Strietzel in die Stadt. Später, als die Dresdner Bäcker in großem Maße selbst das beliebte Gebäck herstellten, kommt es zu heftigen Streitigkeiten, zu einem regelrechten „Strietzelkrieg".

Der „Dresdner Strietzelmarkt" wandelte im Laufe der Jahrhunderte mehrfach seinen Charakter (Veränderung der Termine, der Marktdauer, des Standortes). Immer stär-

ker wurde er bereits im 17. Jahrhundert und vor allem im 18. Jahrhundert auch für auswärtige Handwerker und Händler mit landschaftstypischen Waren ein gern besuchter Handelsplatz. Lausitzer Leineweber, Pulsnitzer Pfefferküchler, Pirnaer Schuhbinder, Radeburger, Dippoldiswalder und Meißner Töpfer, böhmische Glashändler, erzgebirgische Blechwarenhändler, Spitzenleute, Wurzelhändler und Schachtelleute (= Holzwaren- und Spielzeughändler) lockten mit einem vielfältigen Angebot die Kauflust. Oft mußten Rat und Landesherren auf Druck der Geschädigten durch Erlasse und Verfügungen die Rechte der von dieser Konkurrenz bedrohten städtischen Handwerker, Händler und Zünfte in Schutz nehmen. Im 19. Jahrhundert bot der Strietzelmarkt den Armen der Stadt eine bescheidene Möglichkeit, wenige Pfennige zusätzlich zu verdienen. Ludwig Richters Bild „Vom Dresdner Christmarkt" zeigt – wenn auch romantisch verklärt – frierende Kinder, die weihnachtliche Kleinigkeiten, darunter die für Dresden typischen Pflaumentoffel, zum Kauf anbieten. Der Chronist Carl Canzler vermerkte 1860 in seinem Tagebuch: „Drängt man sich durch die Reihen der armen Kinder, wer wollte sich hier einen Griff in die Tasche versagen. Von welcher Not könnten die gold- und silberglänzenden Erzeugnisse, die Pflaumenmännchen, Schäfchen und Puppen, Ruprechte und Pyramiden erzählen, die auf kleinen Tischen oder Bänken längs der Häuserreihen feilgeboten werden und von deren Verkauf vielleicht die Weihnachtsfreuden des kleinen Händlers abhängen." Als arme Eltern in ihrer Not ihre Kinder anhielten, bereits Anfang Dezember ihre kleinen Dinge auf der Straße zu verkaufen, verbot das am 23. Dezember 1850 die königliche Polizeidirektion und forderte die Beschränkung des Handels auf die letzten 14 Tage vor dem Fest.

Für diese armen Familien waren Weihnachtsstollen ein kaum erschwingbarer Luxus. Oft mußte man sie sich im Laufe des ganzen Jahres regelrecht „vom Munde absparen".

Seit 1945 gab es zunächst die Weihnachtsmessen in der Stadthalle, bevor der Markt 1954 auf dem Theaterplatz und dann auf dem Altmarkt stattfand. Dann fand er seinen Standort in den Gassen um die Kreuzkirche. In der Gegenwart erfreut der Strietzelmarkt die Bürger unserer Stadt wieder auf dem Altmarkt. Die Weihnachtsstollen fehlen in keiner Familie.

Manfred Bachmann

Der Stollen vom „Camenzer Hannel"

An einem Heiligen Abend, an dem der Wind pfiff, Eisblumen an den Fenstern entstanden und der Schnee unter den Fußtritten der Passanten knirschte, boten die drei Geschwister, Ernst, August und Christel, unverdrossen noch ihre letzten Pflaumenfeuerrüpel mit klappernder Stimme zum Kauf feil. Endlich näherte sich eine behäbige Bäckersfrau, der ein Dienstmädchen mit einem schweren, mit Geschenken vollgepackten Tragkorb folgte. Durch die frierenden Kinder gerührt, rief diese: „Madam, nehmen Sie doch ein paar solche Schwarze mit!" Das tat jene auch und fragte die Kinder gutmütig: „Wer sind denn eure Eltern?" „Unser Vater ist der Schuhmacher Badler", sagte Ernst, „und wir machen zu Weihnachten Feuerrüpel, damit wir etwas verdienen."

Dann kamen fünf junge Männer betrunken und johlend an, die zur Belustigung die letzten fünf auf dem Tisch stehenden schwarzen Kerle mit ihren steifen Beinen und Armen, ihren rosigen Gesichtern und ihren kleinen hölzernen Leitern kauften und lärmend wieder abzogen.

Damit war das „Geschäft" für die Kinder geschlossen. Nachdem sie vom Erlös bei einer Nadlerin für den Vater eine goldblinkende Tabaksdose erstanden hatten, nahm Ernst als Ältester den Tisch auf den Kopf, und so zog die kleine Handlungsgesellschaft durch die Schössergasse nach der Frauengasse. Unterwegs wurden noch zwei Lot Schnupftabak zu fünf Pfennigen und drei Lot gemahlener Kaffee zu neun Pfennigen eingekauft. Dann ging es um die Neumarktecke herum der kleinen Schuhmachergasse zu. Mit einem fröhlichen „Guten Abend" traten die Drei in das warme, dunstige Stübchen der Eltern ein, das im Hintergebäude lag und durch einen schmalen Gang ziemlich umständlich zu erreichen war.

Ernst wickelte ganz leise und feierlich die Dose aus dem Papier, nahm dann August und Christelchen an die Hand, trat zum Vater und sagte: „Lieber Vater, wir wollten dir gern zu Weihnachten von unserem verdienten Geld eine Freude machen, und da wir wußten, daß deine Dose sehr schlecht geworden ist, so haben wir dir eine neue gekauft." Aber murrend und unzufrieden mit dem Geschenk band dieser seine Schürze ab, zog seinen einzigen Rock an, setzte einen alten Filz auf, steckte die neue Dose dennoch ein und ging, ohne ein Wort zu sagen, zur Tür hinaus; Mutter und Kinder atmeten auf.

Jedes der Kinder bekam außer einem Stück Brot eine Tasse lauen dünnen Kaffee. Da die gute Mutter mit der kleinen flackernden Öllampe in die Kammer ging, die sie hinter sich verschloß, mußten die Kinder im Finstern sitzen. Dann aber trat sie mit einem Brett herein. Auf diesem stand eine kleine Pyramide mit sechs Tüllen, auf denen freilich nur Zwei-Pfennig-Kerzen brannten. Andere Lichter hatten die Mäuse inzwischen weggefressen. Auf dem Brett lag noch eine wollene Mütze, ein Paar wollene Strümpfe, ein Paar wollene Handschuhe, drei Dreierbrötchen, sechs Äpfel, zwölf Nüsse und ein allerliebstes Püppchen. Vor Freude und Bewunderung blieben den erstaunten Kindern die Bissen im Halse stecken.

Plötzlich ertönten auf dem Gange stolpernde Tritte. „Herein", sagte die Mutter bebend, denn eben schlug es 10 Uhr, und herein trat das Dienstmädchen der Bäckersfrau. Ehe noch die Mutter vor Verwunderung ein Wort hervorbringen konnte, war das Mädchen schon verschwunden. „Mutter", rief plötzlich August aufspringend, „das Mädchen hat ihr Paket liegen lassen", und in demselben Augenblick war er schon zur Tür hinaus, um ihr nachzulaufen, doch vergebens. Auf dem duftenden Paket, das er zum Riechen herumreichen wollte, befand sich eine Aufschrift: „Fir die armen Kinder zu weinagten – von der Camenzer Hannel!" Ernst fiel vor Freude bald vom Stuhl und Christelchen klatschte laut jubelnd in die Hände. Das Paket wurde mit aller Fröhlichkeit geöffnet. Bogen um Bogen abgeschält, und ein großer süßduftender Stollen lag vor den Blicken der erstaunten Mutter und der Kinder.

Doch die Mutter drängte die Kinder zum Bettgehen.

Eben hatte die Kreuzkirche ¼ 11 geschlagen. Nachdem alle noch eine Nase voll Duft mit sich genommen hatten, legten sie sich schlafen. August und Ernst hatten ein Bett zusammen, und Christelchen schlief bei der Mutter. Den Stollen sollte erst der Vater sehen. Am anderen Tage sollte er angeschnitten werden. Darum stellte ihn die Mutter mitten auf den Tisch, die Öllampe daneben, die sie etwas einzog. Dann ging auch sie in die Kammer, betete gemeinsam mit den Kindern und bald hörte man an langen Atemzügen, daß der Schlaf alle umfangen hatte.

Der Vater kam erst um Mitternacht mit schwerem Kopf nach Hause. Er roch wohl den süßen Duft des Stollens, stieß aber taumelnd die Lampe um. Räsonierend und polternd ging er in sein Bett. – So lebten arme Familien zur Biedermeierzeit, die heute noch mancher die „gute alte Zeit" nennt ...

Joachim Winkler (gekürzt von V. Ehlich)

Pflaumentoffel vom Striezelmarkt

Ich bin nur ein kleiner schwarzer Rüpel,
aber ich bringe Glück und schmeck nicht übel!

Er zählt zur großen Schar sächsischer Weihnachtsfiguren.
Jeder kennt den kleinen Glücksbringer aus gedörrten
Pflaumen, und noch immer gehört er zu unseren lebendi-
gen Festtraditionen. Da aber nur der Annaberger Ernst
Uhle vor mehr als fünfzig Jahren ausführlicher über seine
Geschichte schrieb, verdient er eine erneute Betrachtung.

Figürliche Bastelarbeiten aus eßbaren Materialien – besonders aus Dörrpflaumen – entstanden im Zusammenhang mit Festen vermutlich schon vor sehr langer Zeit.
Darauf deuten die noch heute gefertigten „Verwandten"
des sächsischen Pflaumentoffels hin, zu deren bekannte-
sten die Münchner Zwetschgenmanderln, die Nürnberger
Zwetschgermännla und die Zwetschgenkrampusse aus
Österreich gehören. Uns soll es um die sächsische Ausprä-

gung gehen, um die als Essenkehrer gestalteten Pflaumen-
männer. Ihr historisches Vorbild sind die sieben- oder
achtjährigen Jungen, die sich die Kaminfeger entsprechend
einer obrigkeitlichen Genehmigung von 1635 halten durften. Sie kletterten von unten durch die engen Essen und
kratzten mit ihren Reisigbesen den Ruß heraus. Die kurze
Leiter diente dazu, den Anfang des Schlotes zu erreichen.
Daß gerade diese Jungen in ihrer tristen und schmutzigen
Arbeitstracht in einer Festgestaltung erscheinen, hat wohl
mit dem alten Aberglauben vom glückbringenden Schornsteinfeger zu tun.

Als Oskar Seyffert, der Gründer des Dresdner Volks-
kunstmuseums, zu Beginn unseres Jahrhunderts einen
Pflaumentoffel vorstellte, bezeichnete er seine Herkunft
„aus Sachsen". Man kann davon ausgehen, daß die Figur
damals weithin bekannt und im Festbrauch üblich war. Als
wichtigste Verbreitungsgebiete nennt Uhle die Stadt Dresden und ihre Umgebung, besonders die nordwestliche, sowie den südwestlichen Teil Sachsens, also das westliche
Erzgebirge. Im Erzgebirge sollen die Pflaumentoffel bereits seit dem ersten Weltkrieg kaum noch vorkommen.
Versuche, sie in Zwickau (1930) und Annaberg (1932) wieder einzubürgern, scheinen zu keinem Erfolg geführt zu
haben. Seitdem gibt es sie wohl nur noch in Dresden, und
wer heute in Sachsen von Pflaumentoffeln spricht, meint
sicher die vom Striezelmarkt. Dresdner Striezelmarkt und
Pflaumentoffel gehören zusammen. Aber seit wann?
Während für den ersten Weihnachtsmarkt exakt das Jahr
1434 genannt wird, läßt sich für das erste Auftreten der
Pflaumentoffel kein Datum nennen. Vor 200 Jahren soll es
die ersten gegeben haben. Damals hießen sie Männchen
aus Backpflaumen, Pflaumenmännchen oder Schornsteinfeger von gebackenen Pflaumen, später Pflaumenfeuerrüpel oder Pflaumenruprechte. An der Wende zu unserem
Jahrhundert nannte man sie Backpflaumentoffel und
schließlich Pflaumentoffel.

Schon in Grimms „Deutschem Wörterbuch" (Leipzig
1889) wird das Stichwort Pflaumentoffel genannt, und im

„Wörterbuch der obersächsischen und erzgebirgischen Mundarten" von Karl Müller-Fraureuth aus dem Jahre 1911 steht unter Feuerrüpel zu lesen: „Früher ohne alle spöttische Bedeutung, ging der Feuerrüpel vom Essenkehrer auf die nur aus Rosinen und Pflaumen gefertigte Weihnachtsware über (Leipzig), in Dresden war dafür Pflaumentoffel üblicher, Pflaumenmännchen, Pflaumenfeuerrüpel mit steifen Beinen und Armen, rosigen Gesichtern und kleinen hölzernen Leitern."

Der wohl älteste literarische Nachweis zu Pflaumenmännchen in Dresden stammt von Philipp Otto Runge. Zu Weihnachten 1801 schrieb er in sein Tagebuch: „Gestern habe ich also mit einem anderen von unseren Wirtsleuten einen Baum aus dem großen Garten zu verschaffen gewußt: Leuchtermanschetten, ein Buch Schaumgold und ein Wachsstock neben einigen Männchen aus Backpflaumen und Rosinen und einem Hampelmann, was läßt sich da nicht alles machen." [...]

Der Dresdner Volksschriftsteller Gustav Nieritz verglich in einer Erzählung 1841 die Schornsteinfegerknaben mit ihren „Conterfeis" aus gebackenen Pflaumen, die ihre „Arme lang ausgestreckt der grimmigen Kälte preisgaben".

Zur frühen Literatur, in der Pflaumentoffel erwähnt werden, gehört auch das Büchlein „Der böse Dreier" von Julius Winkler aus dem Jahre 1850. Schon auf dem Innentitelbild sind Kinder zu sehen, die ihre Pflaumenrüpel verkaufen. Als Bildunterschrift steht ihr Marktausruf: „Kommen Sie 'ran, meine Herrschaften! Schöne Pflaumenfeuerrüpel, einen Dreier das Stück! Kommen Sie 'ran!"

Der Dresdner Ratsaktuar Carl Canzler schreibt 1860 über den Dresdner Striezelmarkt: „Drängt man sich durch die Reihen der armen Kinder, wer wollte sich hier einen Griff in die Tasche versagen. Von welcher Not könnten die gold- und silberglänzenden Erzeugnisse, die Pflaumenmännchen, Schäfchen und Puppen, Ruprechte und Pyramiden erzählen, die auf kleinen Tischen oder Bänken längs der Häuserreihen feilgeboten werden und von deren Ver-

kauf vielleicht die Weihnachtsfreuden des kleinen Händlers abhängen." So wissen wir heute von der Armut der Kinder, die mit blaugefrorenen tropfenden Nasen ihre schwarzen Pflaumentoffel den Käufern entgegenstreckten, wie sie auf eiskalten Füßen einhertrippelten und mit dünnen, schrillen Stimmen ausriefen: „Kauft Pflaumenrüpel!" Kurt Amold Findeisen widmete diesen Kindern in seinem „Goldenen Weihnachtsbuch" ein Gedicht mit dem Titel „Striezelmarktkinder"…

Pflaumentoffel! Hampelmänner!
Neuen Christbaumschmuck für Kenner!
Schaumgold! Eistau! Wunderkerzen!
Frische Pfefferkuchenherzen!
Liebe Leute, kauft doch was!
Stehn seit Mittag auf der Straße,
leer der Magen, kalt die Nase,
Dabei zieht's an allen Ecken,
Striezelmarkt ist kein Zuckerlecken:
Liebe Leute, kauft doch was!
Pflaumentoffel!! Hampelmänner!!!
Eistau!!!

Das Gedicht gefiel dem Kreuzkantor Rudolf Mauersberger (1889–1971) so gut, daß er es vertonte und in den „Dresdner Weihnachtszyklus" aufnahm. Seine Kruzianer sangen es und machten es in vielen Ländern bekannt.

61

Zum genannten „Dresdner Weihnachtszyklus" gehört auch das folgende Gedicht, in dem der Pflaumentoffel eine Rolle spielt:

„Ausverkauf wegen Geschäftsaufgabe?
Hui, hier heißt es: Mach' geschwind:
Na, was kost't so'n schwarzer Knabe?"
„'n Dreier, weil's die letzten sind!"
„Sapperlot, 'nen ganzen Dreier
für so 'n lüm'pgen Feuerrüpel?"
„Nein, das ist mir doch zu teuer:
Ihr macht Preise, nehmt's nicht übel!"
„Oho, uns're Pflaumentoffel
sind die schönsten auf der Welt.
Ich, die Mali, er, der Stoffel,
hab'n sie selber aufgestellt.
Unsre Mutter heißt Frau Schanzen.
Pirn'sche Gasse linkerhand.
Unsere Firma ist beim ganzen
Dresdner Striezelmarkt bekannt!"
„Donnerwetter! So'n Bewenden
hätt ich mir nicht träumen lassen:
Her mit allen Restbeständen
hier ist Kasse, hier ist Kasse!"

Findeisen dichtete es nach einem Bildmotiv von Ludwig Richter aus dem Jahre 1853. Ein Junge und ein Mädchen sitzen an einem Tisch, auf dem ihre letzten vier Pflaumenrüpel stehen. Ein kleiner Weihnachtsbaum und ein Trompetenengel sind der einzige Schmuck für ihren einfachen Stand neben der Mauernische am Rande des Striezelmarktes, überragt wird alles vom Turm der Dresdner Kreuzkirche.

Dieser Holzschnitt ist wohl von allen bildkünstlerischen Darstellungen der Striezelkinder mit ihren Pflaumentoffeln die bekannteste. Auch andere Künstler gestalteten das Motiv, so Lucas Arnold (1842) Julius Winkler (1850), Hugo Bürkner (1851), Arnold Neumann (1864),

Paul Heydel (1879) und Oscar von Alvensleben (1887). Doch Bilder können den Kitzel in den Fingerspitzen oder die eisige Nässe in den Schuhen nur unvollständig widerspiegeln, und oft sehen diese Bilder recht idyllisch aus – wie der Holzschnitt von Ludwig Richter.

Der Striezelmarkt hatte Tradition und Ruf. Mitglieder des Königshauses und Vertreter der höheren Gesellschaftsschichten statteten ihm Besuche ab. Dabei zeigten sie sich jovial. Durch Diener ließ man Warmbier an die Kinder verabreichen. Solche Großzügigkeit war keine erhebliche Ausgabe, wohl aber ein gewaltiger Gewinn an Ansehen und Popularität.

Die Leipziger Illustrierte Volkszeitung schrieb 1879: „Daß der Dresdner Kinderstriezelmarkt auch von höchster Stelle als echt volkstümlich geduldet und begünstigt wird, beweist, daß seinerzeit dem König Johann (Regierungszeit 1854–1873, d. V.) alljährlich ein riesengroßes Exemplar der Essenkehrerzunft von den Kindern verehrt und von ihm huldvoll angenommen wurde." Am 27. Dezember 1883 brachten die Dresdner Nachrichten auf der ersten Seite folgende Meldung: „Am Sonntag gegen Abend besuchte Ihre Majestät die Königin Carola den Antonsplatz und kaufte den zahlreich dort vorhandenen jugendlichen Geschäftsleuten unter großem Jubel ihren Gesamtvorrat an Feuerrüpeln, Ruprechten und Wattemännern ab, so daß der begleitende Lakai kaum im Stande war, die Warenvorräte mit seinen Armen zu umfassen." Pflaumenfeuerrüpel waren Pfennigartikel: Mitte des vergangenen Jahrhunderts kostete das Stück ganze drei Pfennige. Und es gab sie massenweise. 1879 hieß es: Der Striezelmarktbesucher erhielt sie in einer Minute im Vorübergehen etwa zwanzig Mal durch die Kinder vernehmlich zu Ohren gebracht. Und der Markt ging bis weit in die Nacht, weil die kleinen Leute erst spät zum Einkaufen kamen. Oftmals wurde diese „Kinderarbeit" angeprangert. Deshalb entschied die Königliche Kreisdirektion Dresden bereits am 28. November 1850, „man wolle die Kinder in ihrem Handel zwar nicht hindern, doch beschränken". Das erfolgte räumlich und zeitlich. Aber Kinder gehörten weiter zum Bild des Striezelmarktes. [...]

1904 wies der „Dresdner Anzeiger" darauf hin, daß der Handel durch Kinder nur vom 18.–24. Dezember und nur noch bis 9 Uhr abends erfolgen darf, vorausgesetzt, daß die Erlaubnis des Schuldirektors dazu vorliegt. Erst 1910 wurde der „kindliche Verkaufshandel" auf Antrag der

Schulaufsichtsbehörde untersagt. Doch die Pflaumentoffel gab es auch weiterhin. Sie wurden allerdings nicht mehr von Kindern oder Familien gebastelt, sondern entstanden in gewerblicher Serienfertigung. In den Marktbuden standen sie auf langen Tischen und wurden nun auch in den Warenhäusern angeboten ...

Roland Hanusch

Wer fürchtet sich vorm schwarzen Mann?

Zur Geschichte des Berufsstandes der
Schornsteinfeger oder Essenkehrer

Unter den Handwerkern, die mit der Entstehung des Hauses um seiner Pflege willen wesentlich verbunden sind, besitzt der Schornsteinfeger eine in mehrfacher Hinsicht eigene Volkstümlichkeit. Sie ergibt sich aus seiner Berufsausübung wie auch aus seiner Berufskleidung. Beide steigern seine Erscheinung zu besonderer Bedeutung und verschaffen ihr die Aufmerksamkeit bei groß und klein, in Stadt und Land. Der Schornsteinfeger vermag als kühn und verwegen zu gelten, wenn er schon in früher Morgenstunde auf den Dächern als „schwarzer Mann" erscheint, dabei einstmals oft nicht aus einem Dachfenster, sondern aus dem Schornstein selbst steigt; reinigte man doch die „Rauchschlote" da nicht mit dem sogenannten Fallgerät von oben, wie das seit dem 19. Jh. mit der russischen oder Ableinesse möglich wurde, sondern mittels Kratze und Kehrbesen im Besteigen der mit Holz, Stroh und Lehm gefertigten Klöppel- oder Knüppelesse. Die meist im Einzelgängertum durchgeführte Arbeit verleiht ihm zudem einen eigenen Nimbus, steht sie doch mit dem Feuer, dem gefürchteten Element, in engster Verbindung, das in vergangenen Jahrhunderten verheerende Brände in Stadt und Land verursachte. – In seinem verrußten Aussehen vermochte der Essenkehrer leicht zu einem Kinderschreck, ja, von Erwachsenen zu einem höchst bedenklichen Mittel der Kindererziehung gebraucht zu werden. Daß ihm jedoch auch eine Bedeutung als Glücksbringer zukommt, deren Wurzeln ins Gebiet von Magie und Aberglauben zurückreichen, ist bekannt. Mancherlei Bräuche und Gewohnheiten, vom freudigen Wahrnehmen seiner Erscheinung bis zum Zueilen auf ihn und Betupfen seines Armes, um ganz des Glückes gewiß zu sein, das er ihnen zu bringen imstande sein soll, sind allgemein bekannt. – Die Ge-

schichte des Berufsstandes ist selbstverständlich eng mit der Hausentwicklung, besonders mit der der Feuerstätten, von denen man eine Herd- und Ofenfeuerung unterscheidet, verknüpft. Rauchableitungskanäle finden sich seit dem 13. Jh. in Süddeutschland vor – von Italien und seinem steinernen Hausbau ausgehend. Die Herdfeuerung trifft man heute z. T. noch in Mecklenburg an. Auch in Sachsen gab es im Vogtland Wohnstätten ohne Rauchabzug. Erst allmählich brachten staatliche Maßnahmen und Verordnungen zur Sicherung gegen Feuerschäden kanalisierte Rauchabzüge in steinernen Essen und damit die Notwendigkeit der Reinigung in regelmäßigen Abständen mit sich. Die ersten „Schlotfeger" kamen von Italien her. Bald fanden sich auch deutsche Bergleute, Köhler und Maurer ein. Aber erst im 15. Jh. kam es zur Zunftbildung. In Sachsen rangierten sie um 1620 bei der Aufführung der Bauhandwerker hinter den Kleibern, den Lehmarbeitern. Ihre früheste bildhafte Darstellung findet sich in einem „Aufzug" zu Dresden im Jahre 1582. Hier haben sich zwei Adlige als „Feuerwerksmäurer" oder „Schlotfeger" verkleidet und reiten in berußten Leinwandkitteln daher. Meister, Gesellen und Lehrjungen bilden den Vortrupp, der Meister mit einer verbrämten Mütze, der Geselle mit einem Bauernhut und der Lehrjunge mit einer Kappe als Kopfbedeckung. Sie führen als Werkzeuge eine Kratze, eine Stechstange, einen Wedel, ferner eine Leiter und einen langgestielten Besen mit sich. Seltsam kontrastieren die

roten und gelben Strümpfe zum Schwarz ihrer Berufskleidung, die naturgemäß auch heute noch schwarz ist. Aus
dem verbrämten Hut des Meisters hat sich der Zylinder
entwickelt. Ihn trägt auch der Geselle nach bestandener
Gesellenprüfung, der Lehrling nach wie vor seine Kappe.
Doch unterscheiden sie sich neuerdings alle durch unter-
schiedliche Knöpfe an ihren Jacken. Der Zusammenschluß
zu Innungen, der sie vor Pfuschern und Stümpern schützen sollte, dauerte eine geraume Zeit, in Dresden über ein
halbes Jahrhundert. Ihre Zunftartikel waren denen der
übrigen Handwerker ähnlich. Die Wanderschaft, vier Jahre für Fremde, zwei Jahre für Meistersöhne, war üblich.
Dennoch reichte die Zahl der Schornsteinfeger nicht ganz
aus, denn in den Dörfern der Niederlausitz wurde zum
Ausgang des 18. Jh. den Untertanen erlaubt, mit tüchtigen,
an langen Stangen befestigten Besen selbst die Reinigung
vorzunehmen, auch mit einer „ordentlichen Krätze" und
einer Leiter ans Werk zu gehen. – Von besonderer Bedeutung wurde das Jahr 1877. Da wurde die Kinderarbeit im
Schornsteinfegerberuf abgeschafft und der Beginn der
Lehrlingszeit auf das 14. Lebensjahr festgesetzt. Bis dahin
hatte man sich besonders der Waisenjungen vom 10. Lebensjahr an bedient, denen man das Kehren der engen, namentlich aber der sogenannten „schleifenden", d. h. schräg
über Bodenräume dahinführenden Essen abverlangte. Sie
waren die „Feuerrüpel", von denen man sich manchen
Streich erzählte. – In der neuesten Zeit haben auch Frauen
das „ehrsame Handwerk" der Schornsteinfeger ergriffen,
wie erst neulich „Zeit im Bild" vermeldete. Eine Frau hatte es schon zur Meisterin gebracht und trägt sicher mit gleicher Würde den schwarzen Zylinder, das Symbol des Es-
senkehrer-Facharbeiters im neueren Sinne. Es ist ein ver-
antwortliches Amt und erstreckt sich nicht nur auf das
Reinigen der Schornsteine.

Alfred Fiedler

Pflaumentoffel-Kantate

An Toffeln ist kein Mangel
im vielgeliebten Deutschen Reich,
doch kommt von tausend Toffeln – schrumm –
uns keiner gleich!
Plumm – plumm.

Auswendig voller Runzeln
wie manches Ding der Erdenzeit,
inwendig voller Schmunzeln – schrumm –
und Süßigkeit!
Plumm – plumm.

Wir pflaumen uns durchs Leben
und bringen Glück und machen reich.
Doch was ein feiner Mann ist – schrumm –
frißt uns nicht gleich!
Plumm – plumm.

Kurt Arnold Findeisen

Pflaumentoffel

Die „Pflaumentoffel" auf Richters Blatt symbolisieren nicht nur den „Essenkehrer" als Glücksbringer, sondern erinnern an die bittere soziale Tatsache, daß noch im 19. Jahrhundert die Kinder der Ärmsten oft als sieben- und achtjährige Kaminfegergehilfen („Essenkehrer") die Schornsteine zu durchsteigen hatten. Darüber beklagte sich 1821 bitter der Direktor Niemeyer der Franckschen Stiftungen in Halle. Diese Jungen kommen „um ihre schönsten Kinderjahre, oft um Gesundheit und Leben". In der Literatur über „Kaufrufe" finden wir dafür Belege.

Den Schornsteinfeger (humorvoll umgesetzt als „Pflaumentoffel") nur als Glücksbringer zu bewerten oder – wie
in der Krippenliteratur nachzulesen – als Sinnbild des
Übergangs von Jahr zu Jahr, reicht nicht aus und läßt die
sozialen Bezüge außer acht. Nach der Bestallungsurkunde
von 1635 für die von Johann Georg I. bestätigten „Schlotfeger" in Dresden haben sie die „Schlote, Feuermauern
und Essen" zu reinigen und zu kehren. Dies „sollen sie
schuldig sein auf Unseren Schlössern, Häusern, Forwer-
gen undt deren Zugehörungen, welche Innerhalb drey
Meilen dieser Gegend alsz: Dresden, Meissen, Moritz-
burgk, Radebergk, Stolpfen, Hohnstein, Pirna, König-
stein, Zabeltitz, Kaickreuth, Baselitz, Ostraw, Zadel, Dippoldiswalde und Grillenburgk, die Schlotte undt Feueres-
sen so offt es im Jahre die Notturfft erfordert, zu reinigen,
zu kehren, auch jeder einen Jungen, welcher die engen
undt Hohen Feuer-Essen durch Kriechen kann, uff ihre
Kosten zu halten". (Nach Lingke, A.: Die Schornsteinfe-
ger-Kreis- (Zwangs-) Innung zu Dresden. In: Festschrift
zur Feier des 200jährigen Jubiläums ... 1910. S. 23 ff.)
  Diese Quelle ist einer der frühesten Belege für härteste
Kinderarbeit und für die Technik des Essenkehrens in den
damals bestehenden sogenannten Klöppelessen, die aus
Holz, Stroh und Lehm bestanden und von untenher „stei-
gend" gereinigt wurden. Erst das 19. Jahrhundert brachte
im Bauwesen die sogenannte russische oder Ableinesse,
die mittels eines Fallgerätes, das aus einer Kugel und einem
breiten Besen bestand, gereinigt wurde.
  1877 wurde verfügt, daß die Lehrlinge erst mit 14 Jahren
und nicht schon, wie bisher mit 7 oder 8, in der Regel mit
10 (!) Jahren, eingestellt werden durften. Zumeist waren es
bisher Waisenkinder, denen man das Kehren der engen, besonders der schleifenden, d. h. der schräg über Bodenräu-
men errichteten Essen abverlangte.

Manfred Bachmann

Kurrendesänger

Wir ziehen durch die Straßen
und frieren an die Nasen,
auch friern wir an die Zehn,
doch singen wir sehr schön.

Wir singen Weihnachtslieder
die Straßen auf und nieder.
Hell leuchtet die Leitern,
der Max, der trägt den Stern.

Wir laufen als Kurrende
und frieren an die Hände,
auch friern wir an die Zehn,
doch singen wir sehr schön!

Kurt Arnold Findeisen

Kurrende-Singen,
eine Dresdner Weihnachtstradition

Heute abend wird in der himmelanstrebenden Kreuzkirche ein ganzer Altmarkt voll Platz finden wollen; Dresden möchte nach alter Sitte auch heuer freud- und andachtsvoll sich in den Christabend geleiten lassen. Es möchte die alten Lieder der Weihnacht hören. Intoniert von glockenreinen Knabenstimmen. Sphärisch erhoben von unserem Kreuzchor also.

Gesungen von den Nachfolgern der Kurrenden mithin und damit fortführend deren Traditionen. Nicht aller Traditionen – allerdings. Denn der Chorerben erste „Vorläufer" waren immerhin aus bedürftigen Schülern gebildete Chöre! Die, von einem älteren Kameraden (Präfekten) geleitet, schon zu Zeiten deutscher Schulanfänge im 12. Jahrhundert von Haus zu Haus laufen (lat. currere) und gegen geringe Geldgaben geistliche Lieder singen. Besonders in Lateinschul-Landen wie Thüringen – in seinem Eisenach war u. a. Luther Kurrendaner – und Sachsen. Und ganz besonders in Dresden. Hier bildeten Kreuzschule, -kirche und -chor schon früh eine Einheit. Wache Förderer von Latein und Musik, diesen für den liturgischen Gottesdienst unentbehrlichen Bestandteilen, mögen wohl dafür gesorgt haben. Jedenfalls besagt eine Urkunde von 1300, daß die Kreuzschule als älteste Dresdner Lehranstalt seit Anbeginn auch eine solche für Kirchendienst-Chorknaben war. Nahe liegt, daß der Kurrendegesang somit bereits im mittelalterlichen Dresden zuhause war.

Und fest verbürgt ist, daß Dresdner Kurrende-Stimmen nun schon über Jahrhunderte hinweg erklingen; nicht nur die der Kruzianer, sondern auch die der Annen- und der Neustädter Lateinschüler. Und nicht immer fiel ihnen das Singen leicht, – vor allem in manchmal nicht leichten Zeiten. Doch die Kurrendaner-Stimmen waren stärker. Auch 1760, als des Preußen Friedrich II. Artillerie die Stadt belegte, übertönten die Gesänge die Geschütze. Diesen Trost durch die jungen Sänger vergaß Dresden nicht. Als ein Jahr später die militanten Eindringlinge an der Kleinen Brüdergasse ihre Ohnmacht gegenüber dem Gesang mit Steinwürfen entäußerten und zwei Schüler verletzten, hüteten die Dresdner ihre Chorknaben von nun an wie ihren Augapfel: Fortan begleiteten sie sie zu deren Schutz scharenweise auf ihren Gängen.

Was die Popularität der Kurrendaner nur steigen ließ. Canaletto malte einen Zug der Kruzianerkurrende, wie er soeben um die Ecke biegt. Und Goethe schreibt während seines 1813er Dresden-Besuchs in einem Brief über die „Schwarzröcke": „In knappen, schwarzen Fracks und überhaupt schwarz gekleidet, etwa 30 an der Zahl, gingen diese Chorschüler, immer 4 Mann hoch, Arm in Arm, mit großen Stürmern auf den Köpfen, durch die Straßen, der Präfekt voraus."

Disziplin scheinen die in priesterlichem Schwarz laufenden Sänger also besessen zu haben. Sie benötigten sie wohl auch, wie Pastor Christian Heinrich Schreyer, am 2. Juni 1733 als Zwölfjähriger zum Annen-Chorschüler ernannt, berichtet. Denn wenn die Lungen in drückender Hitze, in Sturm, Regen- und Graupelwetter durchhalten mußten, die Füße vom langen Stehen an einem Ort in Kälte oder im Schneeschlicker eisig und naß waren, war Selbstbeherrschung vonnöten. Besonders das anstrengende, Kräfte und Lust abspannende Martini- und Neujahrssingen muß schlimm gewesen sein. Vormittags von acht bis 12 Uhr und anschließend von 14 bis 20.30 Uhr, eine ganze Woche lang, wurde gesungen. „Doch mehr lastete", schreibt er, „besonders auf uns sechs Jüngsten. Das Mitführen der Motetten-, Arien- und anderer Chorbücher unter dem Arm, das Schleppen und nach Hause befördern der abgelegten Mäntel bei ‚Wagenleichen', die Jungendienste, dis wir den sechs Oberen leisten mußten, waren ebenso beschwerlich als nachteilig für die Kleidungsstücke, die man oft ganze Tage nicht vom Leibe brachte." Überdies mußten u. a. Bücher, Leuchter und Lichter versorgt und sonnabends der Chor gekehrt werden.

Bis über die Zwanzig hinaus blieben die Choristen zumeist in ihrer Tätigkeit, bevor sie in Lehrämter oder geistliche Berufe eintraten. 1828 hängte der letzte Dresdner Kurrendesänger seine Tracht an den Nagel – als die Annenschule zu einer Bürger- und Realschule umgestaltet und die Kurrende aufgehoben wurde: Der Unterrichtsbetrieb hatte sich nicht mehr mit dem Kurrendedienst vereinbart.

Und doch: In seiner Gesangstradition lebt er fort. Nicht nur mit den Kruzianern. Auch in der Briesnitzer Kirche waren kürzlich adventliche Kurrende-Nachfolger zu hören. Moderne, versteht sich. Denn statt der einst auf dem Kopf sitzenden obligaten Perücke lugten Jeans unter dem Schwarzrock hervor ...

Heinz Weise

Der Herrnhuter Stern

Sterne begleiten uns durch das ganze Leben. Wer weiß nicht von der inneren Freude angesichts eines nächtlichen Sternenhimmels? Einer indes hat es mir seit Kindheitstagen ganz besonders angetan. Ein künstlicher Stern von Menschenhand, genauer von Kinderhand, geschaffen. Seine Lebensgeschichte lernte ich erst viel später kennen. Als kleiner Junge reichte es mir, wenn ich in meiner vom Kriege schwer heimgesuchten Vaterstadt die wenigen farbigen Sterne als Boten der Adventszeit aufleuchten sah.

Das Städtchen Niesky, eine 1742 gegründete Herrnhuter Kolonie, wurde im April 1945 „Hauptkampfzone". Um den Zinzendorfplatz herum sanken wertvolle Bauten der Brüdergemeine in Schutt und Asche. Ruinen reckten sich in den Winterhimmel. Auf solch trübem Hintergrund waren uns die Sterne nicht nur Symbol christlicher Botschaft, sie waren zuerst auch ein Licht, das den Kinderherzen Hoffnung und Vorweihnachtsglück schenkte.

Im Betsaal der Brüdergemeine, auch in Geschäften wie in der brüderischen Buchhandlung Hoberg, leuchtete nun der vielzackige Stern und erzählte von der Nähe des Weihnachtswunders, der Nacht in Bethlehem. Und daß bald Bescherzeit ist! Vor allem!

Heute denke ich, daß die von Strommangel und Sparzwängen geprägte Nachkriegszeit den Stern noch viel schöner und inniger leuchten ließ ... Jahre vergingen; und nun sollte ich auch beruflich den Spuren meines Kindheitssterns nachgehen, der längst, den Missionaren gleich, den Weg in alle Welt gefunden hatte – als Herrnhuter Stern.

Ein Weg führte zurück in das 1945 zerstörte „Neue Pädagogium", dort – oder im „Alten Pädagogium" – sei um 1887 der Stern als Ergebnis praktischer Geometrieübungen und sinnfälligen Zimmerschmucks im Advent entstanden. Andere verweisen auf Brüderschulen in Klein-welka. Damals lernten Kinder aller Kontinente einträchtig in den Schulen der Brüdergemeine. Kaum war dies Ge-wißheit für uns, so verwies uns eine Quelle auf das Jahr 1842. Zur 100-Jahr-Feier von Niesky trugen die Schüler „erstmals den Herrnhuter Stern" vor sich her. Ob als Stern von Bethlehem oder schon in heutiger Bedeutung wissen wir nicht. Noch war diese Tatsache nicht recht überprüft, da erreichte uns 1996 aus Königsfeld eine überraschende Neuigkeit. Ein Forscher fand beim Sichten von histori-schen Dokumenten einen Nieskyer Eintrag, wonach be-reits 1821, zum 50. Jubiläum der Unitätsknabenanstalt, ein 110 Zacken umfassender Stern im Schulhofe aufgezogen worden sei, und zwar als „Stern der Weisen", in den Tagen um „Hoch-Neujahr".

Welche Geburtsstunde wir für das „Wunderwerk aus Pappe" und anderen Materialien auch noch immer heraus-finden, der „Herrnhuter Stern" ist uns Symbol der Ad-ventszeit geworden.

Um die Jahrhundertwende leitete Pieter Hendrik Ver-beeck in seiner Herrnhuter Musikalienhandlung die ge-werbliche Sternenherstellung ein. Sein Sohn Harry Ver-beeck weitete sie 1924 zur „Sternerei-Fabrik" aus. Da wir wissen, daß die „Herrnhuter Sterne GmbH" auch heute bei großem Fleiß kaum den vielen Kundenwünschen in al-ler Welt nachkommen kann, so ist mir nicht bange, daß sein gutes Licht erlöschen könnte.

Weiße, braune und gelbe Kinderhände haben ihn zuerst gebaut. So ist in ihm die Kraft menschlichen Miteinanders und der frohen Botschaft verbunden. Advent heißt An-kunft. Ob wir bei Christus ankommen oder, weltlicher ge-sehen, beim Lichterschein eigener Kindheitserinnerungen, ohne den „Herrnhuter Stern" wäre in meinem Leben we-niger Wärme gewesen.

Peter Poprawa

Der Christmarkt

Ihr lieben Kinder kommt heran,
Seht euch die schönen Sachen an!
Da ist ein Reiter,
Der kann nicht weiter,
Ein Fuhrmann mit dem Wagen,
Der sich läßt tragen;
Ein Jäger, der zielt unverdrossen
Und hat doch nie etwas geschossen.
Nur Kaspar Mops der kleine,
Der hat Hände und Beine,
Womit er laufen und zappeln kann.
Seh'n könnt ihr alles, nur greift nichts an!
So sahen die Kinder den Christmarkt dort,
Und gingen dann fröhlich zur Schule fort.

Anonym

Weihnachtsgeschenke im alten Dresden

Das Weihnachtsfest scheint das Geschäftsleben von Dresden in früheren Zeiten nicht sonderlich berührt zu haben. Es spielte sich auf dem Striezelmarkt ab. Das Weihnachtsangebot bestand im wesentlichen aus den Erzeugnissen des Erzgebirges und der Lausitz, aus Bunzlauer Tonwaren und seit Ende des 18. Jahrhunderts auch aus Pulsnitzer Pfefferkuchen. Die Dresdner Bäcker hatten natürlich vollauf mit der Stollenbäckerei zu tun. Erst, als es immer üblicher wurde, sich zu Weihnachten großartiger zu beschenken, bot der „Dresdner Anzeiger" den Geschäftsleuten die Gelegenheit, ihre Waren durch Inserate anzupreisen. 1813 ist folgende Annonce zu lesen:

An alle Kinderfreunde!

Soeben ist bei der Arnoldschen Buchhandlung am Altmarkt das neunte vollständige Verzeichniß von den besten Bilder- und Lesebüchern, von Lehrbüchern in allen Wissenschaften sowie in der Musik, im Schreiben, Zeichnen, Nähen, Sticken und Stricken zum Weihnachts- und Neujahrs-Geschenk für Kinder und Erwachsene erschienen und ohnentgeldlich daselbst zu haben. Wegen Kürze der Zeit bitten wir alle Bücherfreunde gehorsamst, dieses Verzeichniß diesmal bei uns oder im S. S. priv. Adreßcomptoir gefälligst abholen zu lassen.

Dresden, den 17. Dec. 1813
Arnoldsche Buchhandlung

In der Ausgabe vom 23. Dezember des gleichen Jahres wurde ein Heft empfohlen, und zwar in folgender Weise: „Am 24. Dezember 1813 wird in allen Buchhandlungen zu haben seyn: Der gute Geist. Nach einem Gemälde von Gerhard von Kügelgen. Der allerhöchsten Geburtstagsfeier Sr. Maj. dem Kaiser aller Reußen, Alexander I., am Vorabend des Weihnachtsfestes 1813; gesungen von Friedrich Kind. gr. 4"

Es muß daran erinnert werden, daß Sachsen, dessen

Landesvater zu Napoleon gehalten hatte, nach der Völkerschlacht bei Leipzig unter russische Verwaltung kam, die äußerst mild ausgeübt wurde.

Im Jahre 1840 empfahl ein gewisser Kuhlmann, vermutlich ein Zoo-Händler, auf der Großen Plauenschen Gasse 5, im „Dresdner Anzeiger" zur Bildung für die Jugend als Weihnachtspräsent sein aufs beste geordnetes, mit den seltensten Exemplaren versehenes Schmetterlings-Lager, ferner Utensilien zur Zucht, zum Fangen, Tödten, Präparieren und Aufbewahren. Es war jene Zeit, in der man sonntags seinen Spaziergang mit Schmetterlingsnetz und Botanisiertrommel unternahm.

Am 23. Dezember 1840 wird im Anzeiger auch auf die Bude der Taubstummenzöglinge hingewiesen, die ihre Erzeugnisse auf dem Christmarkt in der Posamentiererreihe feilboten. Außerdem wurde in Form einer Annonce ein unterhaltsames Würfelspiel angeboten: „Die Dampfwagenfahrt Dresden–Leipzig", die ein Jahr zuvor erstmals durchgeführt worden war.

Eine Firma L. H. Ziechmann u. Comp. im Eckgewölbe

des Hauses Wilsdruffer Gasse No. 7 offerierte „fein lackirte Blechwaren wie Caffeebreter, Frucht- und Brotkörbe, Spucknäpfe, Lichtscheruntersetzer" in reichhaltiger Auswahl. Schnupftabak- und Cigarren-Dosen gab es bei Franz Netcke am Altmarkt. Eduard Pietzsch u. Comp., Ecke der Badergasse No. 8, forderte zum Besuch einer Weihnachtsausstellung auf, die für Gesellschafts-Spiele warb. Als Schlager galten ein „Modemagazin" zur angenehmsten Unterhaltung für Mädchen, nebst Text, vier Gespräche enthaltend, „Das befestigte Schloß", ein Bau- und Gesellschaftsspiel, sowie ein Spiel „Das gute Männchen lebt noch". Auch ein „Panorama von Dresden" wurde angepriesen. Einmal ist auch von einem Weihnachtsbasar die Rede. Es handelte sich dabei offenbar um eine Veranstaltung von Geschäftsleuten, auf der es bereits Lichterbäume und Musik gab.

Die Zeitungen wurden immer mehr – für Weihnachtsangebote genutzt. Ganz- und halbseitige Inserate sind dann keine Seltenheit mehr. In den siebziger Jahren wird mitgeteilt, daß in der ersten Etage des Hotels „Stadt Rom" ein Auswärtiger namens G. Sadik „Japanisches und Chinesisches Möbel" ausstellt und anbietet, zum Beispiel Salon-, Arbeits- und Spieltische, Arbeitskörbe in plateeaux auf Bambusrohrstellagen sowie Etageren. Das Konfektionshaus P. Schlesinger, damals noch Wilsdruffer Strafe, gegenüber vom Hotel de France, hatte gemäß einer bebilderten Anzeige Paletots und Anzüge für Knaben und Wintermäntel für Mädchen im Angebot. In den „Dresdner Nachrichten" vom 19. Dezember 1900 bietet C. F. A. Richter und Sohn, Wallstraße 7, an der Post, Schlittschuhe an.

Seit der zweiten Hälfte des vorigen Jahrhunderts, mit dem Beginn des Kapitalismus, entwickelte sich Dresden zur industriellen Großstadt. Vornehmlich die Leichtindustrie wuchs. Sie brachte u. a. Schokoladenwaren, Zigaretten und viele andere Artikel auf den Markt, die es auch heute zum Weihnachtsfest gibt.

W. Ehlich

Die Poesie der Gasse vor Weihnachten

Alljährlich, wenn der Winter auch bald kalendermäßig seinen Einzug hält, wenn es friert und schneit und reiche Leute mit schönen Pelzen auf der Straße gehen, wenn es so zwischen vier und fünf Uhr dunkel wird, dann hebt sie wieder an, wie aus tiefverborgenen Gründen emporgestiegen: Die Poesie der Gasse vor Weihnachten.

Es gibt Menschen, die kommen das ganze Jahr vor lauter Hast und Sorgen nicht einmal zur Besinnung, sie rattern ihr Leben herunter wie ewigbewegte Maschinen; vor Weihnachten aber stockt auch manchmal ihr immer gleicher Lauf. Da macht das Herz nicht mehr mit, wird mild und weich und gut und bringt aus versteckten Truhen liebe, goldene Erinnerungen, Erinnerungen aus fast vergessener Kinderzeit. Die Welt um uns hat dann ein ganz anderes Bild und ist trotz der trüben Tage sonniger und verklärter. Wir schauen mit Märchenaugen in die Welt, werden andächtig und fromm und sind wieder wie die Kinder.

Ja, die Kinder!

Gestern ging ich zwischen vier und fünf Uhr durch meiner Stadt verwinkelte Gassen. Da war ein Schaufenster mit richtigen Männern und Frauen – aus Pfefferkuchen; da war

ein lustiger Kerl, der hob den Arm, klopfte an das Fenster, drehte den Kopf und zeigte mit Augenzwinkern auf eine Scheibe, die sich drehte und einmal „Feine Ware" und dann „Billige Ware" schrieb. Hinter ihm stand ein Christbaum mit Geleucht von Gold- und Silberhaar, mit brennenden Lichtern und einem weißglitzernden Engel auf der Spitze.

„Or!" hörte ich da plötzlich, „e Christboom (or dreimal unterstrichen) Korle, e Christboom! Wie der brennt!"

Und wie auf Kommando knieten drei kleine Knirpse auf dem Steinsims vor dem Schaufenster und quetschten ihre Stupsnasen an die Scheiben, um die ausgelegten Herrlichkeiten besser bewundern zu können.

„Du, Baulchen, mir ham zu Hause och en Boom!" ging es weiter.

„Aber unser is viel scheener und greeßer. Der hat vier Mark gekost. Meine Mutter sagte: 's is 'ne Affenschande."

„Oh, dort der Engel!"

„Mir ham uff unsern Christboom och en Engel, der hat aber noch ne silberne Dude."

„Du, Pfefferkuchen eß ich gern!"

„Mir ham welchen mit Schoklade druff!"

„Bei uns is der Rupperch schonn gewesen."

„Bei uns kommt er heite. Wedersch Fritze macht'n. Ich weeß."

„Mir wärn zu Weihnachten Fleesch essen, hat mei Vater gesagt." – – –

Ich mußte weiter. Aber als ich nach ungefähr einer Viertelstunde wieder vorbeikam, knieten die drei kleinen Knirpse immer noch auf dem Steinsims vor dem Schaufenster und quetschten ihre Stupsnasen an die Scheiben, um die ausgelegten Herrlichkeiten besser bewundern zu können. Sie philosophierten sicher noch über Weihnachten.

An ein Erlebnis aus meiner Kinderzeit mußte ich da plötzlich denken:

Als ich noch ein Dresdner Junge war, so von zehn, elf Jahren, hatte ich einen Freund, der war ein ganz armer Bursche. Sein Vater wohnte irgendwo fünf Treppen hoch und flickschusterte vom frühen Morgen bis zum späten Abend. Wenige Wochen aber vor Weihnachten saß seine Mutter mit den Geschwistern und machte aus Holzstäbchen und kleinen Ruten und getrockneten Pflaumen, darauf Schaumgold getupft wurde, sogenannte Pflaumenruprechte, die mein Freund dann in der Weihnachtswoche auf der Straße verkaufen mußte.

Mein Gott, warum sollte ich meinem Freunde nicht einmal dabei helfen! Eines Nachmittags gingen wir zusammen – Vater und Mutter durften natürlich nichts wissen – auf die König-Johann-Straße. Ich entsinne mich, es war ein recht kalter, düst'rer Wintertag, der Tag vor dem Heiligen Abend, und da ich keinen Mantel anhatte, fror ich erbärmlich. Aber ich wollte doch Pflaumenruprechte verkaufen!

Mein Freund verstand sein Geschäft. Ich bewunderte ihn heimlich. Ich mußte mich in eine Ecke stellen und er rief: „Pflaumenruprechte, immer noch hier die schönsten Pflaumenruprechte!" Keck bettelte er einen noblen Herrn an: „Kaufen Sie mir etwas ab!" Und dann ging es weiter: „Hier der letzte schöne Pflaumenruprecht! Kaufen Sie bitte den letzten schönen Pflaumenruprecht!" Da hatte er ihn verkauft, den „Letzten" – und nahm einen neuen aus dem Korbe heraus.

Nun aber mußte ich ausschreien und tat es mit voller Begeisterung, daß alle Leute stutzig wurden: „Pflaumenruprechte, immer noch die schönsten Pflaumenruprechte!" Ein kleines blondes Mädel, das nebenan in der Haustür stand und funkelndes Gold- und Silberhaar ausbot, guckte mich ganz eifersüchtig ob meiner wohlgenährten Stimme an und wollte mich am liebsten wegen Geschäftsschädigung verklagen.

Dann schrien wir – mein Freund und ich – um die Wette und verkauften alle unsere Pflaumenruprechte. Da nahmen wir den leeren Korb und gingen lange noch nicht nach Hause, sondern sahen uns die Schaufenster an, die Weihnachtsberge mit Engeln und Hirten und Schafen, die Burgen mit den tapferen Soldaten, die Eisenbahnen, die ewig im Kreise herumsausten und wünschten, wünschten, wünschten einen ganzen Himmel uns auf Erden. Am Altmarkt aber verweilten wir am längsten. Da waren ja die Weihnachtsbuden, wo die Herrlichkeiten der kühnsten Kinderwünsche ausgebreitet lagen wie in einem Märchenlande, wo Brummkreisel surrten, Mäuschen liefen, Püppchen tanzten, Hampelmänner zappelten, wo es flimmerte und glitzerte, daß man ganz selig ward vor Freude.

Spät abends erst kam ich nach Hause.

Wo ich gewesen sei, fragte die Mutter.

„Pflaumenruprechte habe ich verkauft", antwortete ich.

„Wie? Wo?" die Mutter.

„Auf der König-Johann-Straße!" ich.

„Vater, höre, der Junge hat Pflaumenruprechte verkauft", sagte entsetzt die Mutter, „wenn ihn jemand gesehen hat!"

Ich weiß nicht mehr bestimmt, aber ich habe doch so ein leises Gefühl, als hätte ich damals mit der Rute – wie oft – Bekanntschaft gemacht.

Eltern sind doch manchmal recht unverständig! – –

Heute wie damals ist das Leben auf der Gasse vor Weihnachten, rufen Kinder ihre Waren aus, lockt der süße Zauber der Weihnachtsbuden, kommt der große Wald in die Stadt, eilen die Menschen mit Paketen überladen, ergänzen die Schaufenster in festlichem Lichte, geschmückt mit schneebestreuten Tannenzweigen. Heute wie damals ist das alles so schön, so wunderschön, weil sich die Menschen wieder auf die Liebe besinnen, Liebe hoffen und Liebe geben.

Ja, Weihnachten das Fest der Liebe! Sie ist noch nicht tot, ist noch nicht er–schlagen von unseren Feinden und ist noch nicht verhungert. …

Nun hat die Dämmerung dem Abend die Hand gereicht. Es ist dunkel geworden. Allmählich schläft das bunte, laute Leben ein. Hier und da hör ich ferne Kinderstimmen, die singen voller Andacht und in seliger Lust:

„O du fröhliche, o du selige,

Gnadenbringende Weihnachtszeit."

Da kommt es mir auf einmal mächtig in den Sinn, daß ich einsam bin und nicht weiß, wo ich Weihnachten feiern werde.

Max Zeibig

Gebildgebäck „Pfefferkuchen"

Neue Pfefferkuchenverse aus Zuckerguß

In allen Ecken eine süße Mandel.
So wohlerzogen sei Dein Lebenswandel!

Es hat mein Herz geparkt
zum Dresdner Striezelmarkt
bei Dir!

Vielgeliebtes Mariandel,
meines Daseins süße Mandel,
meines Lebens Zuckerhut,
ei, wie tut die Liebe gut!

Kurt Arnold Findeisen

Der Striezel oder Stollen wurde zum meistgekauften Gebäck auf dem Dresdner Christmarkt, doch auch andere Backwaren verlockten die Marktbesucher zu einem Einkaufsbummel. Da sind wohl in erster Linie die Pfefferkuchen zu nennen, die sich in ihrer vielgestaltigen Form bei jung und alt in der Stadt und nicht zuletzt bei der Hofgesellschaft großen Zuspruches erfreuten. Der Bedarf, den die Bürger sowie die zugereisten Marktbesucher vom Lande auf den Jahrmärkten der Stadt und beim Striezelmontag anmeldeten, konnte von den Dresdner Meistern nicht gedeckt werden. Von auswärts kommende Pfefferküchler wurden schon 1629 erwähnt, und Kuchelbäcker aus Pulsnitz reisten seit 1655 an. Auch Pfefferküchler aus Königsbrück und Kamenz handelten in Dresden. Am rührigsten war der Kamenzer Meister Feurig, der gegen den Widerstand der Dresdner Innung seine Berechtigung zum Verkauf auf dem Striezelmarkt vertrat. 1721 gelang es ihm, beim Kurfürsten für jeweils zwei Tage anläßlich des Palmsonntags und des Striezelmarktes die Erlaubnis zum Feil-

halten zu bekommen. Neben Feurig wurde 1720 auch ein Pulsnitzer Händler namens Johann Großmann erwähnt.

Aus dem Jahre 1722 ist aktenkundig, daß unter den 100 Meistern der Dresdner Weißbäckerinnung 14 Meister waren, die sich in der Lage fühlten, die besten Pfefferkuchen auf Thornische und Nürnberger Art zu backen. Daß man auf die Auswärtigen nun nicht mehr angewiesen sei, war jedoch eine voreilige Feststellung dieser Meister. Die weitere Geschichte des Striezelmarktes mußte sie eines Besseren belehren. So zählten echte Pulsnitzer Pfefferkuchen ohne Zweifel zu den Spezialitäten, die das Angebot um ein sehr wichtiges Charakteristikum bereicherten. Es veranlaßt uns, einen kleinen Exkurs in die Geschichte des Pfefferkuchens zu unternehmen.

Pfefferkuchen, Pfeffernüsse – wir fragen uns, woher der Name kommt, denn Pfeffer hat nie die dominierende Rolle beim Würzen des Backwerkes gespielt. Eigentlich ist die allgemeinere Bezeichnung „Gewürzkuchen" zutreffend, wenn man berücksichtigt, daß solche Zutaten wie Ingwer, Nelken, Zimt, Vanille oder Muskat einst auch unter den „Oberbegriff" Pfeffer fielen und von dort kamen, wo der „Pfeffer wächst". Und „Pfefferstraßen", auf denen die Gewürze in Europa verbreitet und gehandelt wurden, sind noch heute bekannt. Der Name „Lebkuchen" aber wird mit dem großen Honiganteil in seiner Rezeptur in Verbindung gebracht, der die „Lebenskraft" heben sollte.

Als Gebildgebäck hat der Pfefferkuchen anläßlich festlicher Ereignisse im Jahreslauf eine Tradition, die bis in die Antike zurückreicht. Bereits damals gab es neben dem freihandgeformten Backwerk figürliche oder ornamentale Negativformen. Geschnitzte Holzmodeln (aus Birnen-, Pflaumen- und Buchsbaumholz), wie sie seit dem 16. Jahrhundert mit großer Liebe zum Detail von Modelstechern, aber auch von den Pfefferküchlern, Lebzeltern oder Lebküchlern selbst angefertigt wurden, bereichern noch heute als dekorative Schaustücke viele Heimatmuseen. Neben den beliebten biblischen Darstellungen und Heiligenbildern sind die Modeln oft auch ein Zeitdokument in der Abbildung geharnischter Reiter, oder von Bürgern in ihrer Festkleidung und von der Arbeitswelt des Handwerks.

Alles Wichtige vom Pfefferkuchen und seiner Geschichte kann man in der „Alten Pfefferküchlerei" in Weißenberg in der sächsischen Oberlausitz erfahren. Dort befindet sich seit 1941 ein Museum. Der Rat der Stadt Weißenberg hat es in der Lebküchlerei der Familie Bräuer/Opitz eingerichtet. In der beachtlichen Zeitspanne von 1684 bis 1937 wurden in dem kleinen, einstöckigen Haus Pfeffer- und Honigkuchen gebacken. Den ursprünglichen Eindruck reflektieren in den beiden Backstuben Arbeitstische und Geräte (Teigrollen, Holzmodel, Stellagen) für die Teigbereitung. Ein anderer Raum enthält die Backzutaten.

Der Rundgang durch das Museum in Weißenberg vermittelt dem Besucher viel Wissenswertes über die Lebens-, Arbeits-, und Wohnverhältnisse der Pfefferküchler. Doch wer ihnen noch heute bei ihrer Tätigkeit zuschauen will, der sollte in die „Pfefferkuchenstadt" Pulsnitz fahren. Dort arbeiten gegenwärtig noch acht Pfefferküchlermeister. Anfang des Zweiten Weltkrieges gab es in Sachsen mehr als dreißig Pfefferküchlereien. In den Backstuben von Groschky, Gräfe, Spitzer, Handrick und anderen kann man auf eine lange Handwerkstradition verweisen, die auch ein selbständiges Berufsbild mit Ausbildungsrichtlinien einschließt. Zugleich wird das Handwerk über Generationen in den Familien fortgeführt. Streng hüteten die Meister ihre Rezepte und vererbten sie und ihre Fertigkeiten an Kinder und Enkel. Die älteste noch bestehende Pfefferküchlerei in Pulsnitz wurde 1825 gegründet. 1826 heiratete der Gründer, der Meister Groschky, die Schwester des Bildhauers Ernst Rietschel und richtete seine Werkstatt im Grundstück seiner Schwiegereltern ein. Heute führt Meister Hübler, der zugleich Obermeister der Innung ist, die Pfefferküchlerei Groschky in der dritten Generation weiter, nachdem seine Großeltern 1895 den Betrieb gekauft hatten.

Seit mehr als 400 Jahren ist die Pfefferküchlerei in Pulsnitz beheimatet. Das belegt ein Bäcker-Privileg aus dem Jahre 1558. Der damalige Standesherr von Schlieben erlaubte den Pulsnitzer Bäckern die Herstellung von Pfefferkuchen. In diesem Privileg, das „von denen von Schlieben zur Pulsnitz Nach Christi unseres Heilandes und Seligmachers Geburtt, Tausendfünfhundert und im achtundfünfftzigsten Jahr, am tage Circumcissionis Dominj" (= 1. Januar) ausgefertigt wurde, ist, neben den Bestimmungen zum Schutze des Handwerks und den Festlegungen für die Meisterprüfung, die „In Kegenwertigkeit der ganzen Versammlung des Handwergs und zwen Heren des Rahts" erfolgen soll, u. a. vorgeschrieben: „Und soll ein Jder meister So Viell Rockens Packen, als die gemeine Nottdurfft erfordert, Deßgleichen Pfefferkuchen …".

Vorsorglich haben die Pulsnitzer Pfefferküchlereien stets darauf geachtet, ihren guten Ruf zu erhalten und zu mehren. So gelang ihnen im 17. Jahrhundert ein Kuchen, der von den Nonnen des Klosters St. Marienstern als Fastengebäck bevorzugt wurde. Zudem belieferten die Pulsnitzer das Kloster bei Panschwitz.

Doch auch im benachbarten Kamenz hatten sich Pfefferküchlermeister niedergelassen und waren nicht müßig gewesen, ihren Erzeugnissen zum Erfolg zu verhelfen. Mehrmals sperrten die Kamenzer ihre Märkte und ließen die Konkurrenz aus Pulsnitz nicht ein. Über diese Auseinandersetzungen um Absatz- und Verkaufsmöglichkeiten, die im Volksmund als „Pfefferkuchenstreit" überliefert sind, berichtete die „Grohmannsche Chronik". So soll im Jahre 1650 von Görlitz der ehemalige Kurfürstlich Sächsische Quartiermeister, Pfefferküchler und Bäcker Matthäus Schluckner nach Kamenz gekommen sein, wo nach den Wirren des Dreißigjährigen Krieges kein Küchler ansässig war. Er ließ sich in die Kamenzer Bäckerinnung aufnehmen und erreichte, daß nunmehr, wo Kamenz selbst einen Küchler hatte, Auswärtigen das Feilhalten versagt wurde. Doch als Schluckner 1668 wieder in kurfürstliche Dienste trat und Kamenz somit ohne Pfefferküchler war, hob der Rat der Stadt das Verbot auf und ließ wieder bei den Pulsnitzern backen. Das Blatt wendete sich erneut, als Schluckner 1675 zurückkehrte. Er blieb jedoch nicht lange und verließ im Jahre 1677 endgültig die Stadt. Den Pulsnitzer Küchlern wurde mitgeteilt, daß sie künftig am Gründonnerstag und am Weihnachtsabend, aber auch zu allen Jahrmärkten in Kamenz ihre Pfefferkuchen feilhalten dürften.

Zum Ruhm der Pulsnitzer Ware hat im 18. Jahrhundert der Bäcker Tobias Thomas beigetragen. Als er sich in den sechziger Jahren in Pulsnitz niederließ, brachte er von seiner Wanderschaft aus Thorn neue Rezepte mit, die die Nachfrage belebten. Auch der Handel auf dem Dresdner Striezelmarkt hat davon profitiert.

Heidrun Wozel

Pulsnitz und die Pulsnitzer Pfefferkuchen

Ich bin in jungen Jahren einmal in Thorn an der Weichsel gewesen. Was Nürnberg für Süddeutschland, ist Thorn für Norddeutschland, nämlich die Pfefferkuchenstadt, und Thorner Katharinchen sind weltberühmt. Mein Vater war mit, und wir treten in den Laden eines Pfefferküchlers. Da liegen die braunen und weißen Kuchen mit Zuckerguß ganz wie bei uns zu Hause, und auf der Firma darüber steht – ich lese und staune – Thomas. Hießen nicht auch zwei Pfefferküchler unserer Stadt Thomas? – Später erfuhr ich den Zusammenhang. Kam da nach dem Siebenjährigen Kriege, als die Landstraßen wieder sicher geworden waren, ein Bäckergeselle nach Pulsnitz gewandert; der stammte aus Thorn und hieß Thomas und verstand die Pfefferküchlerei aus dem Grund. Er ließ sich in dem Städtchen, wo es ihm gefiel, nieder, buk Semmel, Brot und Pfefferkuchen und hinterließ im Tode den Pulsnitzern seine Kunst. […]

Pfefferkuchen schmeckt gut. Er gehört unter den Christbaum und wird auf den Jahrmärkten und allen Volksfesten von der lachenden Jugend gern gekauft. Drum buk mancher Pulsnitzer Bäcker, der als Geselle gut aufgepaßt hatte, fortan Pfefferkuchen, und dieser und jener hat sich aus den Pfefferkuchen sein Haus gebaut. Versteht mich recht! Wer fragt bei der süßen Ware nach dem Preise?

Und Sommerroggen und polnischer Honig sind nicht allzu teuer. Freilich mußte erst einer kommen und den anderen zeigen, wie man Pfefferkuchen zu Geld macht. Der reiste auf alle Messen und Märkte, hatte hübsche Verkäuferinnen in dörflicher Tracht und buk bloß Pfefferkuchen. Und weil er mit dem Gelde nur so um sich warf und seine Gesellen mit blanken Talern versöhnte, wenn er sie geschlagen hatte, machten es ihm die andern nach, ließen die Brot- und Semmelbäckerei und fuhren mit ihren Kisten von Markt zu Markt.

Max Marczinsky

Weihnacht

Rauschgold in einem grünen Baum,
Geleucht von seidnem Engelhaar.
Ein Kinderwunsch, ein Kindertraum
und Märchen, alt und wunderbar.

Zu Bethlehem ein armer Stall;
Maria wiegt ihr holdes Kind.
Viel süßer Stimmen frommer Schall;
und draußen geht der Winterwind.

Und Weihnacht rauscht der Liebe Strom.
Die laute Welt wird stumm und still
und wird ein hochgewölbter Dom,
darin sie singen und beten will.

Max Zeibig

Ein lustiges Weihnachtslied

Wenn's Weihnachten ist, wenn's Weihnachten ist,
da kommt zu uns der Heilige Christ,
da bringt er eine Muh, da bringt er eine Mäh
und eine schöne Tschingteretätä.

Ei, ei, Weihnacht, Weihnacht ist ein schönes Fest, juchhe,
ei, ei, Weihnacht, Weihnacht ist ein schönes Fest!

Wenn's Zuckerstangen friert, wenn's Zuckerstangen friert,
da kommt er lustig anspaziert,
da bringt er eine Hüh, da bringt er eine Hott
und einen Gruß vom lieben Gott.

Ei, ei, Weihnacht, Weihnacht ist ein schönes Fest, juchhe,
ei, ei, Weihnacht, Weihnacht ist ein schönes Fest!

Und hinter ihm, eija! und hinter ihm, eija!
Geleucht und Kling-Klang-Gloria:
Mit Lichtern in der Hand, mit Lichtern in der Hand
der alte fromme Bergmannsstand.

Ei, ei, Weihnacht, Weihnacht ist ein schönes Fest, juchhe,
ei, ei, Weihnacht, Weihnacht ist ein schönes Fest!

Die Pfefferkuchenfrau, die Pfefferkuchenfrau
mit ihrem Mann aus Olbernhau,
er knackt ihr eine Nuß, er knackt ihr einen Kern
und hat sie, ach, zum Fressen gern.

Ei, ei, Weihnacht, Weihnacht ist ein schönes Fest, juchhe,
ei, ei, Weihnacht, Weihnacht ist ein schönes Fest!

Und Engel hinterdrein, und Engel hinterdrein
in Glitzerglanz und Kerzenschein,
die singen: Valeri, die singen: Valera,
der liebe Heilige Christ ist da!

Ei, ei, Weihnacht, Weihnacht ist ein schönes Fest, juchhe,
ei, ei, Weihnacht, Weihnacht ist ein schönes Fest!

Kurt Arnold Findeisen

Geschenke aus dem Spielzeugland

Verbunden mit aufklärerischem und biedermeierlichem Gedankengut erhielt das Weihnachtsfest in den ersten Jahrzehnten des 19. Jahrhunderts einen betont privaten, familiären und kindbezogenen Charakter. Als Kindergeschenkfest unter dem Lichterbaum wurde die Christbescherung zum Höhepunkt im bürgerlichen Familienleben. Auf der Grundlage der Ideen und Reformbestrebungen des Pädagogen Friedrich Fröbel (1782–1852) erlangte das kindliche Spiel eine neue Funktion im pädagogischen und humanen Bezug. Die Wertschätzung des Spielzeuges als Mittel zur Kindererziehung erhöhte die Nachfrage nach entsprechenden Geschenken auf Messen und Märkten beträchtlich. Die Weihnachtsmärkte bekamen neue, größere Bedeutung bei der Festgestaltung und wurden zu regelrechten Volksfesten. Zu den ältesten dieser Märkte zählten neben dem Dresdner Striezelmarkt der Nürnberger Christkindlmarkt, der Berliner Weihnachtsmarkt und der Frankfurter Christkindchesmarkt. Auch die Tradition des Münchner Weihnachtsmarktes ist alt und geht bis auf das 14. Jahrhundert zurück.

Mit Geschicklichkeit, Fleiß und Einfallsreichtum, verbunden mit neuen technischen Möglichkeiten und rationelleren Fertigungsmethoden entfaltete sich die Spielzeugherstellung in Thüringen (Sonneberg) und im Erzgebirge (Grünhainichen, Olbernhau, Schneeberg, Seiffen) nach dem Rückgang des Bergbaus zu einem regelrechten Gewerbe- und Industriezweig. Seiffener Spielwaren beherrschten bald die Weihnachtsmärkte, und das Repertoire an Spielmöglichkeiten wuchs.

Der steigende Bedarf der Dresdner lockte immer mehr Händler aus dem Gebirge an. Nach einem Bericht aus dem Jahre 1781 wurden von der Marktpolizei, die sämtliche Buden visitierte, überall Degen, Säbel, Steckenpferde, Flinten, Pistolen, Posthörner und hölzerne Kuckucks entdeckt – zur Freude der Dresdner Kinder. Gleichzeitig kam es erneut zu Auseinandersetzungen zwischen den einheimischen Drechslern und den Schachtelleuten. 1795 erreichte es die Drechslerinnung, daß die Torschreiber an den Stadttoren die Händler so lange zurückhielten, bis es ihnen termingemäß erlaubt wurde, die Schläge zu passieren.

Die Schachtelleute legten besonderen Wert darauf, als „würkliche Holtzwaaren Händler und Kaufleute aufn Lande" bezeichnet zu werden, denn als solche würden sie ihre Steuern bezahlen. Sie hätten das Recht, einen Handel mit allerlei Waren zu treiben und wiesen den Vorwurf zurück, „Störer" zu sein, weil sie doch Händler und keine Drechsler wären. Sie meinten, daß sie eine bedeutende soziale Aufgabe zu erfüllen hätten, indem sie durch ihren Verkauf für die „Nahrung vieler Menschen des sehr nahrlosen Gebirges" sorgten. Damit würde der allgemeine Nutzen gefördert und niemand geschädigt. Sie würden sich für den Fortschritt einsetzen, – ganz im Gegensatz zu der konservativen Einstellung der Innungen. Mit ihrer Überzeugung, daß Handel und Gewerbe frei sein müßten und die Tätigkeit des Handels überhaupt auf einer „natürlichen Freiheit beruhen sollte", waren sie ihrer Zeit und auf jeden Fall ihren Widersachern voraus.

Neben Spinnrädern, Spulen, Spindeln und Möbelknöpfen brachten die Schachtelleute auch „Nußknacker aller Art mit Schrauben" und Spielzeug mit. Als „bunt gemalte Kinderware" hatten sie von den zahlreichen Heimarbeiterfamilien des Erzgebirges Kegel, Kinderschränke, Kästen, Flinten, Leiern, Pistolen, Trompeten, Post- und Waldhörner, gedrechselte Puppen aufgekauft.

In den sächsischen Bergstädten bildete sich in den sechziger Jahren des 18. Jahrhunderts auch ein zünftiges Drechslerhandwerk aus, das vorzugsweise Kinderspielzeug produzierte. Bei den neun Drechslermeistern von Schneeberg entstanden an den fußgetriebenen Drehbänken große Mengen hölzerner Puppen, Docken nach Nürnberger Art mit Krönchen auf dem Kopf. Auch Schneeberger und Grödener Modelle dienten vermutlich als Muster. Auf der Drehbank wurde zunächst die Docke in einer langgestreckten Form gedrechselt. Auf der einen Seite wurde der Kopf markiert; eine weitere eingedrehte Kerbe deutete die Taille an. Diese Grundform mußte dann beschnitzelt werden. Das Anleimen der Arme und das Bemalen der Puppe vollendeten das Werk.

Ein Großteil des beliebten „erzgebirgischen Spielzeugs" erhält seine Grundform an der Drehbank, und das Reifendrehen wird noch heute als „höchste Kunst" der Drechsler angesehen. Ein erster schriftlicher Hinweis datiert aus dem Jahre 1810. Es handelte sich dabei um einen Bericht des Rates der Stadt Dresden, in dem von Häusern die Rede ist, die „auf der Drehmaschine in großen Reifen ausgedrehet und dann bloß zerschnitten" wurden. Auch Spielzeugtiere konnten in großen Mengen hergestellt werden. 50 bis 60 Tiere lassen sich aus einem Reifen abspalten; im Querschnitt ist ihre Umrißform erkennbar. Während des Drehens ist dieser Querschnitt allerdings nicht zu sehen. Deshalb erfordert die Reifendrechslerei außerordentliche Geschicklichkeit. Anschließend wird das Spielzeug beschnitzelt und bemalt ...

Heidrun Wozel

Nr. 351

Dresdener Anzeiger.

Freitag, 16. Decbr. 1836.

Herausgeber: F. G. Aster und Ch. Arnold.

Bekanntmachung.

Da bei früheren hier gehaltenen Christmärkten wahrzunehmen gewesen, daß die aus dem Gebirge zum Absatze ihrer Holzwaaren auf diesen Märkten anher kommenden sogenannten Schachtelleute aus Grünhayn, so wie diejenigen vier Holzdrechsler aus Seyffen, welchen vermöge besonderer, mit der hiesigen Drechsler-Innung getroffenen Vereinigung, jedoch bloß für ihre Personen, die Besuchung des hiesigen Christmarkts zum Absatz ihrer Spielwaaren gestattet ist, die ihnen zum öffentlichen Verkauf gesetzte Zeit nicht immer gehörig innegehalten haben; so wird zu deren Nachachtung und zugleich zur Nachricht für das Publikum auf Antrag der hiesigen Drechsler-Innung Folgendes bekannt gemacht:

1)

Den Gebirgischen Schachtelleuten aus Grünhayn ist nach altem Herkommen das Feilhalten ihrer Waaren in ihren Buden und der Verkauf im Einzelnen an Jedermann nur während des ganzen ersten Tages des Striezelmarkts, welcher in diesem Jahre auf den Montag, den 19. December fällt, gestattet; dagegen haben sie in Folge eines mit der hiesigen Drechsler-Innung unterm 20. December 1810 getroffenen Vergleichs sowohl am Tage vor Anfang des Christmarkts, wo ihnen die Einräumung ihrer Waaren in die Buden erlaubt ist, als auch am zweiten Tage des Markts, welcher ihnen zum Wiedereinpacken ihrer Waaren bis Nachmittags 2 Uhr bestimmt ist, bei 10 Thlr. Individualstrafe und Verlust des Befugnisses fernerer Beziehung hiesiger Christmärkte, sich alles und jedes Verkaufs ihrer Waaren gänzlich zu enthalten, und es ist ihnen hierbei nur ausnahmsweise am Tage vor Anfang des Markts von Mittag 12 Uhr an der Verkauf im Ganzen an hiesige Drechslermeister nachgelassen.

2)

Den vier Holzdrechslern aus Seyffen, namentlich Samuel Gottlieb Neuberten, Christian Friedrich Kämpen, Gotthelf Friedrich Fichtnern, und Johannen Christianen Schneiderin, ist nach dem mit der hiesigen Drechsler-Innung unterm 18. December 1809 und 1810 getroffenen Vergleichen für ihre Personen ebenfalls der Verkauf ihrer anhergebrachten Spielwaaren in ihren Buden auf dem Neumarkte im Einzelnen an Jedermann während des ganzen ersten Markttages gestattet, am Tage vor Anfange des Markts dagegen, wo sie von Mittag 12 Uhr an ihre Waaren in die Buden auspacken dürfen, ist ihnen nur der Verkauf im Ganzen und zwar nur an hiesige oder fremde Drechslermeister und Händler, welche als solche durch von den Aeltesten hiesiger Innung ausgegebene Zeichen sich legitimiren können, erlaubt, am zweiten Tage des Markts aber, wo ihnen das Einpacken ihrer Waaren bis Mittag 12 Uhr gestattet bleibt, ist ihnen aller und jeder Verkauf im Ganzen und Einzelnen bei Vermeidung einer Conventionalstrafe von 10 Thalern und bei Verlust des Rechts zu fernerer Besuchung der hiesigen Christmärkte untersagt.

Dresden, den 10. December 1836.

Der Rath zu Dresden.

Hübler, Bürgermeister.

Gerichtliche und außergerichtliche Versteigerungen.

Montag, den 2. Jan. 1837 und folg. Tage vormittags 10 Uhr, sollen außher in der großen Obersergasse Nr. 422. a bis zum Nachlaß des Herrn Kaufmann Wilhelm Manitius gehörenden Mobilien und Effecten, als:

dio. Trümeau- und Pfeilerspiegel in Mahagoni-Rahmen, Mahagoni- und andere Sekretaire, dergl. Tische, Commoden, Divan's, Sopha's, Stühle, ein schöner Bronze-Kronleuchter, Kleider- u. Wirthschaftsschränke, lackirte Rohrstühle, gute Federbetten, Kleidungsstücke, Wäsche, 8 St. seine neue italienische Strohhüte, mehre Wirthschafts- und Gartengeräthschaften, ingleichen ein wachsamer Kettenhund u. s. mehr, meistbietend überlassen werden durch

Karl Köhler,
K. S. Amts-Auctionator und Taxator, oder dessen verpflichteten Assistenten
Robert Julius Köhler.

Kauf- und Verkauf-Erbietungen.

1) Das dem Herrn Staatsminister Nostiß und Jänckendorf zugehörige, in der kleinen Obersergasse Nr. 420 b. gelegene Gartenstück soll wegen Wohnungsveränderung verkauft werden. Zur Mittheilung der Kaufbedingungen und zum Abschlusse des Kaufs ist beauftragt

Adv. Tischer, Moritzstraße Nr. 760.

2) 30 Eimer guter weißer Landwein sollen, um damit zu räumen, billig verkauft werden. Näheres im K. S. pr. Adreßcomtoir.

3) Ein Bücher- oder Aktenschrank, braun polirt, wenigstens 2 Ellen breit und 18 Zoll tief,

---

Dresdener Anzeiger vom Freitag, dem 16. Dez. 1836: Bekanntmachung, die Spielzeugmacher betreffend

Der Nußknacker

Zum Schmuck des Weihnachtsbaumes gehörten neben Äpfeln, Pfefferkuchen und Zuckerkringeln von jeher vergoldete Nüsse, die dauerhaften Früchte des „welschen" Nußbaumes. Wer aber ihren wohlschmeckenden Kern will, muß sich erst mühen, die harte Schale zu knacken. Auf einfache Weise besorgt das die Hebelwirkung zweier gelenkverbundener Hölzer. Solche Geräte waren mit figürlichem Schmuck versehen als Erzeugnisse des städtischen Kunsthandwerks bereits im 16. Jahrhundert geschätzte Geschenke. 1650 nennt eine Berchtesgadener Quelle „Nußbeißer". Aber schon der Druck kräftiger Hände oder gesunder Zähne konnte zum gleichen Erfolg führen. Bei solchen Kraftanstrengungen mag es zuweilen zu greulichen Grimassen gekommen sein, die das Kind fröhlich auflachen ließen. So haben Holzhandwerker schon früh das Nüsseknacken von Figuren besorgen lassen, denn bereits 1735 ist in Sonneberg von „Nußbeißern" die Rede, die nach dem Prinzip arbeiteten, daß in einer kräftigen Gestalt mit großem Kopf der am Rücken bewegte zweiarmige Hebel die Nuß gegen den Oberkiefer drücken mußte. (Die Musterblattsammlung der Fa. Adolf Fleischmann, Sonneberg, zeigt sie bereits als Abbildungen zwischen 1840 und 1870.) Während eines Karnevalsaufzuges der Freisinger Studenten 1783, der auf dreißig Schlitten in überdimensionalen Modellen den Zuschauern „Berchtoldsgadner Waare" vorführte, zeigten sie auch „Nußbeißer Gestalt eines Männchens, dessen Maul und Bauch eins ist". 1791 werden für Berchtesgaden „feine Nußbeisser" erwähnt. – Der Nußknacker gilt als das klassische Beispiel für die angewandte, funktiontüchtige volkskünstlerische Kleinplastik.

Als erzgebirgische Produkte werden „Nußknacker aller Art mit Schrauben" bereits 1745 für den Dresdener Markt bezeugt (auch Karl August Engelhardt nennt sie 1804 unter den nutzbaren Geräten), es handelt sich dabei aber noch nicht um figürliche Darstellungen – sie fehlen sogar noch im Angebot der Musterbücher um 1840/50. Offenbar bestehen gestalterische Beziehungen zu den Rhöner Wackelfiguren des 19. Jahrhunderts, Oberammergauer Hampelmännern und zu den Grödener Groteskfiguren, die alle mit beweglichem Unterkiefer ausgestattet sind. Vom Aussehen her sind die figürlichen Nußknacker auch verwandt mit den Schwarzwälder Uhrenmännlein, mit dem „Großmaul" beim volkstümlichen Ballzielwerfen, mit den in Mühlen maskenhaft gestalteten „Kleiekotzern" und mit den Sonneberger „Fressern", bei denen dem „großen Maul" die Hauptfunktion des Aufnehmens zugewiesen ist.

Schließlich sei noch auf die Beziehungen zu den Automatenfiguren vorwiegend des 18. Jahrhunde verwiesen. Sie klingen in der Erzählung „Die Automate" von E. T. A. Hoffmann an, der darin seine Helden berichten läßt: „Ich muß gestehen, … daß die Figur … mich lebhaft an einen überaus zierlichen künstlichen Nußknacker erinnerte, den mir einst … ein Vetter zum Weihnachten verehrte. Der kleine Mann hatte ein überaus ernsthaft komisches Gesicht und verdrehte jedes Mal mittelst einer inneren Vorrichtung die großen aus dem Kopf herausstehenden Augen, wenn er eine harte Nuß knackte, was dann so etwas possierlich Lebendiges in die ganze Figur brachte, daß ich stundenlang damit spielen konnte." Aus dem 18. Jahrhundert sind grimmig dreinschauende Soldaten, Landsknechte, satirisch geschnitzte Mönche (Gröden), Domestiken und hexenähnliche Weiber überliefert; das 19. Jahrhundert kennt daneben bös blickende Gendarmen, Groteskfiguren mit langen Nasen (zum Anfassen) und den König als Motive. Zeitgenössische Karikaturen – zum Beispiel auf satirischen Bilderbogen – stellen Napoleon 1813 als „Pariser Nußknacker" dar. Später bediente sich die sozialistische Arbeiterbewegung der Symbolfigur „Nußknacker" als satirischer Bezeichnung in der Presse. So erschienen unter der Leitung von Max Kegel (1850–1903), Schöpfer des Sozialistenmarsches (1891 geschrieben, bis 1910 verboten), zwischen 1872

und 1878 Herausgeber politisch-satirischer Beiträge der „Chemnitzer Freien Presse", diese zeitweilig unter dem Namen „Nußknacker" (zwischen 1871 und 1873 unter Mithilfe von Johann Joseph Most [1846–1906]). Aus ihr entwickelte sich 1873 die Beilage unter dem Namen „Chemnitzer Rakete", bevor sie ab 1876 wieder „Nußknacker" genannt wurde und bis 1878 erschien.

Nußknacker finden wir auf zahlreichen Abbildungen für Bilderbücher im 19. Jahrhundert und auf Bilderbogen (z. B. Münchner Bilderbogen Nr. 226 von 1858), als Hauptfiguren in Geschichten für Kinder. Auch in Kinderbüchern der Gegenwart wird das Motiv gern aufgegriffen.

Nußknacker im Erzgebirge – aber auch in Thüringen – die Vertreter der „Obrigkeit" (Soldaten, Gendarmen, Förster, König) dominieren. Die armen Spielzeugmacher tauschten gleichsam die Rollen und ließen sich von jenen die Nüsse knacken, denen sie im drangvollen Alltag oft rechtlos ausgeliefert waren. So mußte zum Beispiel in Thüringen der Gendarm als „Knurks" für die armen Leute „arbeiten". Dagegen übertrug der erzgebirgische Spielzeugmacher die „gemütliche" Funktion des Rauchens in den frühen Formen der Räuchermänner nur „einfachen" Menschen aus dem dörflichen Alltag. In dieser Differenzierung sind Züge einer naiven Sozialkritik erkennbar, die noch gründlich erforscht werden muß. Neben die ältere Auffassung der Figur als Verkörperung des Grimmigen, Gefürchteten tritt die freundlichere eines guten Märchenkönigs, nachdem sie E. T. A. Hoffmann in seinem Kindermärchen „Nußknacker und Mausekönig" 1816 literarisch erhöht und ihr Peter Tschaikowski (1840–1893) etwa acht Jahrzehnte später in der „Nußknackersuite" die Rolle eines verwunschenen Prinzen zugewiesen hat. Der Wandel in der Auffassung prägte sich in der Gestaltung aus. Die preußische Pickelhaube wurde zur Königskrone, das Gewehr zum Zepter. Auch Wilhelm Friedrich Füchtner (1844–1923) gab seinem weltberühmten gedrechselten Seiffener Nußknackerkönig um 1870 eine sehr ansprechende Ausstattung. Das Gold der königlichen Zackenkrone malte er auf einen mächtigen, vom Bergmann entliehenen schwarzen Schachthut. Unsterblich wurde der Nußknacker in seiner Rolle als gütiger Märchenkönig durch das Bilderbuch, das der Dichter des Struwwelpeters, Dr. Heinrich Hoffmann, 1851 für die Kinder schuf. König Nußknacker geleitet den armen, kranken Reinhold, den menschlichen Helden des Buches, durch die Wunderwelt des Spielzeuges, führt ihm all die bunten Figuren vor und macht sie ihm schließlich unter dem Weihnachtsbaum zusammen mit neuer Gesundheit großmütig zum Geschenk.

Heinrich Hoffmann (1809–1894), der schriftstellernde Arzt aus Frankfurt am Main, weltbekannt durch seinen „Struwwelpeter", hat noch viele andere Kinderbücher verfaßt, die sich im 19. Jahrhundert großer Beliebtheit erfreuten. Unter ihnen war dem Verfasser „eigentlich das liebste" die Versgeschichte vom König Nußknacker, die 1851 erschien und bis 1893 immerhin zwanzig Auflagen erreichte. Hoffmann führt den kindlichen Zuhörer mit dieser Geschichte in das Spielzeugland, eine Idee, die seitdem unzählige Male kopiert worden ist. Über seinen Einfall schreibt er: „Die Freude der Kinder an Märchenwundern ist bekannt; nun meinte ich, es wäre doch noch geeigneter, wenn man, statt die jungen Gemüter in ein fremdes unbegreifliches Land der Feen, der Zauberer und der Ungeheuer zu führen, die Märchenwelt herunter in die Kinderstube zu bringen versuchte." Weniger bekannt ist, daß Hoffmann in diesem Kinderbuch die Hymne der preußischen Monarchisten „Heil dir im Siegerkranz" auf ergötzliche Weise parodierte:

> „Heil Dir, Du Knupperhans!
> Hölzern in Pracht und Glanz!
> Heil, Knacker, Dir!
> Beißen, wie Du, wer kann's?
> Nüsse des Vaterlands
> Läßt Du gewiß nicht ganz.
> Heil, Knacker, Dir!"

Und die schönste Beschreibung eines Nußknackers stammt von E. T. A. Hoffmann: Unter dem Weihnachtsbaum war „ein sehr vortrefflicher kleiner Mann sichtbar geworden, der still und bescheiden dastand, als erwarte er ruhig, wenn die Reihe an ihn kommen werde. Gegen seinen Wuchs wäre freilich vieles einzuwenden gewesen, denn abgesehen davon, daß der etwas lange, starke Oberleib nicht recht zu

Nussknaker
u. Zukerpüppchen

den kleinen dünnen Beinchen passen wollte, so schien auch der Kopf bei weitem zu groß. Vieles machte die propre Kleidung gut, welche auf einen Mann von Geschmack und Bildung schließen ließ. Er trug nämlich ein sehr schönes violettglänzendes Husarenjäckchen mit vielen weißen Schnüren und Knöpfchen, ebensolche Beinkleider und die schönsten Stiefelchen, die jemals an die Füße eines Studenten, ja wohl gar eines Offiziers gekommen sind. Sie saßen an den zierlichen Beinchen so knapp angegossen, als wären sie darauf gemalt. Komisch war es zwar, daß er zu dieser Kleidung sich hinten einen schmalen unbeholfenen Mantel, der recht aussah wie von Holz, angehängt und ein Bergmannsmützchen aufgesetzt hatte ... Aus den hellgrünen, etwas zu großen hervorstehenden Augen sprach nichts als Freundschaft und Wohlwollen. Es stand dem Manne gut, daß sich um sein Kinn ein wohlfrisierter Bart von weißer Baumwolle legte, denn um so mehr konnte man das süße Lächeln des hochroten Mundes bemerken. ‚Ach!' rief Marie endlich aus, ‚ach, lieber Vater, wem gehört denn der allerliebste kleine Mann dort am Baum?' ‚Der', antwortete der Vater, ‚der, liebes Kind, soll für euch alle tüchtig arbeiten, er soll euch fein die harten Nüsse aufbeißen, und er gehört Luisen ebensogut, als dir und dem Fritz.'"

Ludwig Richter (1803–1884) schuf für den Sammelband „Die schwarze Tante" von Clara Fechner (Leipzig 1848) die Holzschnittillustrationen (44), darunter 17 für die heitere Bildgeschichte „Nußknacker und Zuckerpüppchen". (Er benutzte das Motiv auch für Vignetten, darunter der Soldat mit offenem Maul.) Unter den vielen literarischen Zeugnissen sei noch auf Kurt Arnold Findeisens (1883–1963) „Goldenes Weihnachtsbuch" verwiesen.

Manfred Bachmann

Nußknacker

Dezember 1858

Nußknacker, du machst ein grimmig Gesicht –
Ich aber, ich fürchte vor dir mich nicht:
Ich weiß, du meinst es gut mit mir,
Drum bring ich meine Nüsse dir.
Ich weiß, du bist ein Meister im Knacken:
Du kannst mit deinen dicken Backen
Gar hübsch die harten Nüsse packen
Und weißt sie vortrefflich aufzuknacken.
Nußknacker, drum bitt ich dich, bitt ich dich,
Hast bessere Zahn als ich, Zahn als ich.
O knacke nur, knacke nur immerzu!
Ich will dir zu Ehren
Die Kerne verzehren.
O knacke nur, knack knack knack! immerzu!
Ei, welch ein braver Kerl bist du!

August Heinrich Hoffmann von Fallersleben

Die Räuchermänner

Zu einem rechten Weihnachten gehört noch immer im Haus der Duft der Räucherkerzen. Schon früh ließ man sie in einem Gefäß glühen und rauchen. Nürnberger Spielzeugmusterbücher bieten um 1800 eine Figurengruppe an, bei der Rauch eines rotglühenden Lagerfeuers vor dem sinnenden Feldherrn – wahrscheinlich ist Napoleon damit gemeint – aufsteigt. Die gleiche Quelle zeigt auch einen Husaren am Kaffeetisch, der sein Pfeifchen schmaucht. Erst das 19. Jahrhundert ließ mit der aufkommenden Sitte des öffentlichen Rauchens die Figur des Mannes mit der Pfeife im Mund volkstümlich werden. Das reizte besonders erzgebirgische und Thüringer Spielzeugmacher zur Nachgestaltung. So wurde die hohle Docke zum Rauchkessel für die glimmenden Weihrauchkerzen, der Rauch kringelte aus der runden Mundöffnung. Als technisch besonders günstig bot sich zur Gestaltung die Figur des Türken im langen rotgoldenen Mantel mit einem weißen Turban an. Daß man mit der Figur des Orientalen um 1800 allgemein vertraut war, bestätigt das Magazin von Bestelmeier, der sie mehr als ein dutzendmal in seinen Spielzeuggruppen erscheinen läßt. Das Erzgebirge kennt Türkenschiffe aus der Biedermeierzeit. Gegenwärtig werden in Ehrenfriedersdorf, Annaberg und Königswalde (Erzgebirge) traditionsgebunden noch „Lichtertürken" geschnitzt, die zugleich als Kerzenträger verwendbar sind. Räuchertürken mit einem Licht in der Hand fanden auch Eingang in die neuere Volkskunst Berchtesgadens, offenbar als Typentlehnung aus dem Erzgebirge. Die Figur des Türken ist auch in anderen Sachgebieten der Volkskunst heimisch geworden, in Deutschland und in den angrenzenden Ländern. Das Türkenmotiv hat vor allem in der österreichischen Volkskunst eine große Rolle gespielt. Die geschichtlichen Berührungen beider Völker sind dafür der reale Grund. Leopold Schmidt hat eine Fülle von Beispielen beigebracht: Andachtsbilder mit Türkendarstellungen,

Türkenwahrzeichen, anthropomorphe Brunnenaufsätze, Bienenstöcke, Schlittenköpfe, Zielfiguren, Ladenschilder, Türken als Erzträger (Steiermark um 1680), die sogenannten Brunnentürken – geschnitzt und farbig gefaßt –, Motive für Porzellangefäße, Volkskeramik, Krippenfiguren und anderes mehr. Auch in die Volksschauspiele und in die Adventsspiele ist der Türke eingezogen; hier gelegentlich in Verbindung mit dem Mohrenkönig als Diener des Nikolaus (17. Jahrhundert). Die Verdichtung des Türkenmotivs in der Volkskunst ist selbstverständlich auch durch seine Wiedergabe in der Druckgraphik und Wallfahrtspropaganda, in neuen Zeitungen, Holzschnittflugblättchen und ähnlichen frühen Druckerzeugnissen bewirkt worden. 1531 werden auf dem Markt zu Nürnberg gemalte Türken feilgehalten.

Im Erzgebirge bildete sich im Laufe der letzten 120 Jahre eine endlose Kette rauchender Volkstypen heraus. Der Spielzeugmacher wählte als Motiv für die Räucherleute nur Figuren aus seinem dörflichen Alltag, Menschen seiner Lebenswelt: Hausierer mit Spielzeug, den Vogelhändler, den Volkshelden Carl Stülpner, Waldarbeiter und Jäger, denen das Rauchen im Walde nur mit verdeckter Pfeife erlaubt war, Bergmann, Eisenbahner, Postbote, Feuerwehrmann, Bäcker, Fleischer und Student. Von der Form her bietet sich auch der Schneemann günstig an, der erst am Ende des 18. Jahrhunderts in seiner typischen Form bildlich belegt ist und im 19. Jahrhundert zur Lieblingsfigur im Kinderbuch wird. Vielfach wird dem Schorsteinfeger (Essenkehrer, Feuerrüpel) die Funktion des Qualmens übertragen. Er ist auch in zahlreichen erzgebirgischen und böhmischen Weihnachtsbergen, teilweise bereits im 18. Jahrhundert, vertreten, wo er meistens – mechanisch „lebendig" gemacht – als Überraschungseffekt aus der Esse eines Hauses herausschaut. In neuerer Zeit zogen auch Zeitfiguren, wie der Hauptmann von Köpenick mit den ergaunerten Talern in der Hand, Max und Moritz – die beliebten Kindergestalten nach den Versen von Wilhelm Busch, Kapitän Brise – Freund der Kinder aus Sendungen

110

des Rundfunks – und andere Typen in die Schar der Räuchermänner ein. Ihre Zahl ist unübersehbar. Neben den im Seiffener Gebiet gedrechselten Form werden vor allem im westlichen Teil des Erzgebirges auch Räuchermänner geschnitzt. Als Beispiel sei auf die naiven Gestalten des ehemaligen Bergmanns Heinrich Pommer (geb. 1902), Stollberg, verwiesen, der erst nach 1973 mit dem Schnitzen begann.

Zweifellos zählt der „Rastelbinder" (Drahtbinder) – neben dem Türken – zu den im Volke beliebtesten Figuren. Die Rastelbinder kamen als wandernde Händler aus der Slowakei, aus Rußland, Polen, Ungarn und anderen Ländern. Auf dem Rücken trugen sie Küchenbleche, Mausefallen, Hausgeräte und Ziergegenstände aus Draht. Sie „verdrahteten" den Hausfrauen zersprungene Töpfe und Teller, klopften zerbeultes Blechgeschirr zurecht, besorgten gern auch andere „Flickarbeiten". In gewissem Sinne waren sie Konkurrenten der Zigeuner, obgleich sie als grundehrlich galten. Die Armut ihrer Heimat trieb die Rastelbinder in die Welt. Sie wanderten nach Deutschland, Ungarn, Österreich, man begegnete ihnen in Serbien, Polen und in den russischen Ebenen bis hinter Moskau. Oft kehrten sie erst nach mehreren Jahren in ihre Heimat zurück, wo ihre Familien warteten. Die Rastelbinder wurden zu Helden vieler Lieder, Erzählungen und Gedichte, zu einem beliebten Motiv der Folklore. Der Bänkelsänger verkündete die schaurige Moritat vom „Tod der drei ungarischen Drahtbinder" (1862), Victor Leon und Franz Lehar widmeten ihnen ihr 1902 in Wien uraufgeführtes Singspiel „Der Rastelbinder". Das Motiv des Rastelbinders ist für österreichische Krippen des ausgehenden 18. Jahrhunderts belegt. Auf zahlreichen Kaufrufen sind sie abgebildet („Ausrufer"). Ludwig Richters Holzschnitt „Der Drahtflechter vor der Haustür" verdeutlicht die soziale Situation. Als eine der frühesten Darstellungen im Bereich der volkskünstlerischen Kleinplastik kann man die Figur des mit Flachshecheln und Rattenfallen handelnden „Slowaken" auf dem Marktplatz der Puppenstadt „Mon Plaisir" im Schloßmuseum Arnstadt betrachten (erste Hälfte 18. Jahrhundert). Eine ähnliche Gestalt war der „Bosniak" (aus Bosnien oder Dalmatien), der vor allem in Niederösterreich mit allerlei Kramzeug für den täglichen Gebrauch hausierend durch die Dörfer zog. Durch das Eindringen modernen, fabrikmäßig gefertigten Geschirrs und Hausgerätes in den Haushalt – auch auf dem Dorfe – verlor das Gewerbe der Rastelbinder mehr und mehr seine Existenzgrundlage, sank immer stärker auf die Ebene zwielichtigen Straßenhandels, endete vielfach in Bettelei, bevor es nach dem ersten Weltkrieg endgültig verlosch.

Für das Sonneberger Spielzeuggebiet werden von 1820 bis 1830 die aus Papiermasse gefertigten Räucherfiguren charakteristisch. – Im Erzgebirge scheinen die figürlichen Räuchermänner sich nicht vor der Mitte des vorigen Jahrhunderts verbreitet zu haben, denn im berühmten „Heiligabendlied" der Johanne Amalie von Elterlein, das um 1830 entstand und die erzgebirgischen Weihnachtsbräuche bildhaft beschreibt, ist nur vom „Weihrichkerzel" die Rede, das auf einen „Scherbel" (Scherben, Untertasse) gesetzt wird. Sie fehlen auch in den frühen Musterbüchern.

Manfred Bachmann

Die Pyramide

Man ist geneigt, die Lichterpyramide als typisch erzgebirgische Volkskunstform anzusehen. Das vielfältige Angebot der Schnitzer und Drechsler verführt zu der Annahme, daß die Pyramide im Erzgebirge entstanden sei, weil sie in der Gegenwart nur noch dort weitverbreitet im Weihnachtsbrauch verankert ist. Historisch belegt ist aber die Tatsache, daß der erzgebirgische Volkskünstler aus einer bereits früher in verschiedenen deutschen Landschaften vorhandenen Altform der Pyramide erst um 1800 die für das Erzgebirge charakteristische Drehpyramide entwickelte. Sicher hat dabei das Prinzip des im Bergbau seit etwa 1500 gebräuchlichen Pferdegöpels den Schnitzer zur Gestaltung angeregt. Außerdem gab es bereits im 18. Jahrhundert kostbare Spieldosen mit bergmännischen Motiven, von begabten Kunsthandwerkern gefertigt, die gestalterisch in gleicher Weise aufgebaut sind. Ganz allgemein verstehen wir unter Pyramiden – der Begriff kam um 1800 unter den klassisch eingestellten Berlinern auf – mit Kerzen oder Rüböllämpchen und Schmuckwerk versehene Holzgestelle, deren vier Streben mit Buntpapier oder immergrünen Zweigen umwickelt sind. Zeitgenössische Stiche aus den ersten Jahrzehnten des 19. Jahrhunderts belegen die Verbreitung solcher „Weihnachtsgestelle", die zum Beispiel auf dem Berliner Christmarkt angeboten wurden. Diese einfache Pyramidenform ist der Vorläufer des lichtergeschmückten Tannenbaums. Ursprünglich war sie zum Aufhängen an der Decke bestimmt und damit der Lichterkrone verwandt. Verschiedene landschaftliche Abwandlungen führten zu Sonderformen, wie Bügel- und Reifenbaum.

Im Erzgebirge gab es noch an der Schwelle zum 20. Jahrhundert neben der Drehpyramide unbewegliche Formen. In den letzten Jahrzehnten hat sich die Drehpyramide jedoch allein durchgesetzt. Bereits um 1809 berichtet Christian Wild von vier bis fünf Stock hohen Pyramiden, wor-

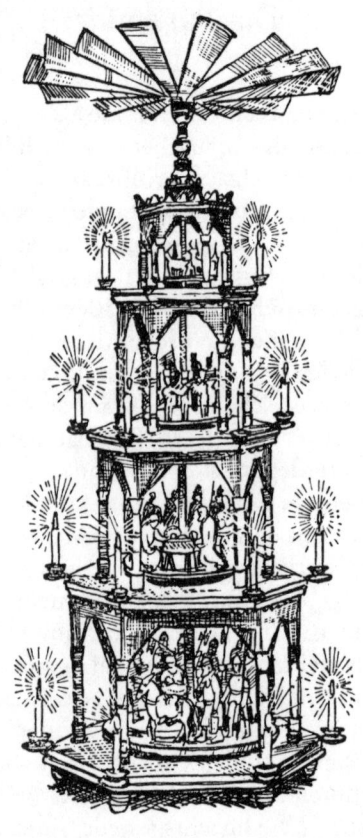

auf man Bergwerke, Eisenhämmer und Wasserkünste in Gang sehen konnte. So verwandelt der erzgebirgische Volkskünstler das starre Pyramidengestell in eine Drehleuchte, die in vielen Familien sogar den grünen Tannenbaum ersetzt. Da drehen sich auf den einzelnen Stockwerken die bekannten erzgebirgischen Volkstypen, der Holzmacher, der Pilzsucher, Musikanten und Jäger, Märchenfiguren, Carl Stülpner und die festliche Bergparade neben den biblischen Gestalten der Weihnachtslegende. Seltener sind Darstellungen aus der bergmännischen Arbeitswelt. Der Seiffener Meister Walter Werner (geb. 1931) gibt mit seiner gut proportionierten „Göpelpyramide" interessante Einblicke in die Bergbautechnik in alter Zeit und läßt sich dabei von den Holzschnitten im Bergbaubuch von Agricola („De re metallica", 1556) anregen. Auch Hans Reichelt ließ in seiner mit spitzem Schindeldach versehenen Göpelpyramide musizierende Bergleute aufmarschieren. Erzgebirgische Sonderformen des 19. Jahrhunderts sind Pyramiden in Zinn und Blech. Gläserne Pyramiden, wie sie in Böhmen hergestellt wurden, kannte Sachsen nicht.

Im Laufe der Entwicklung ist der Pyramidenbau teilweise verflacht: Glühlampen vertreten die Stelle der Kerzen; ein Elektro- oder Federmotor hat den Wärmeantrieb des Flügelrades verdrängt. Vielfach wird seit der Jahrhundertwende die Pyramide von dem zu reichlichen Beiwerk überwuchert und in verschiedenen Baustilen nach Laubsägevorlagen, zum Beispiel als „Gotische Turmpyramide", unschöpferisch kopiert. Die meisten Schnitzgruppen wenden sich jedoch immer mehr ab von jenen sinnwidrigen Gestaltungen und kehren zu echten, einfachen und übersichtlich gebauten Erzgebirgspyramiden zurück.

Enge Verwandtschaft mit der Pyramide verrät der sogenannte Laufleuchter, ein meistens mit Figuren (oft Bergleuten) besetzter Leuchter, an dessen Spitze sich unmittelbar unter der Zimmerdecke ein Flügelrad dreht.

Im Erzgebirge führte die Entwicklung in Parallele zum „Weihnachtsbaum für alle", den zum ersten Mal der Buchhändler J. W. Hofmann in Weimar 1812 für arme Kinder gestiftet hatte, zu den interessant und vielfältig gestalteten Gemeinschaftspyramiden oder Ortspyramiden der Schnitzgruppen auf den Marktplätzen, vor Rathäusern, Schulen, Schnitzerheimen und Gaststätten. Unter der Obhut des Kulturbundes der DDR, der die Schnitzer in den örtlichen Fachgruppen betreute, entstanden vor allem nach 1950 wundervolle Beispiele dieser gemeinschaftsfördernden Volkskunst.

Manfred Bachmann

Großvater denkt an seine Kinderzeit

Zwölf Lichter flammen auf an meiner alten Weihnachtspyramide. Ich habe die Kerzen diesmal selber eingekauft auf dem Striezelmarkt. Leise schicken sie ihren warmen Atem empor und hauchen das Flügelrad an, wie man im Herbste manchmal einen Käfer anhaucht, der im frühen Frost erstarrt ist. Und wie der Käfer im warmen Hauch allmählich auftaut und einen Fühler rührt und nun ein Bein und noch ein Bein, und wie er sich schließlich, ganz sachte und vorsichtig, auf eine neue hoffnungsvolle Reise macht, so wacht auch das Flügelrad auf aus tiefem Schlaf, dehnt sich erst ein wenig und rückt ein wenig von der Stelle, überlegt sich es dann noch einmal, läuft wieder, ganz sacht und kümmerlich, gerade so, als ob es noch keinen rechten Mut habe, kriegt aber nach und nach Mut und dreht sich schneller und schneller, bis es aussieht, als wolle es gar nicht wieder aufhören. Und oben an der Decke wimmeln die Schatten im Kreise. Und die heilige Familie und die Jagd und die Schäferei und die Schneeberger Bergparade, weihnachtsselig wie voriges Jahr, wie vor zwei Jahren, wie vor zehn Jahren machen sie die schimmernde Reitschulfahrt mit, die im Grunde eine lange, lange, heilige Wallfahrt ist.

Und ich schaue hinein in den Flackertanz der Lichter, lange schaue ich dem Wandeln der alten lieben Figuren zu. Ich denke an all die Nächte vergangener Jahre, wo dasselbe Flackern der Lichter und dasselbe Wandeln der Weihnachtsgestalten um mich war. Ich denke an den Abend, wo mein Vater die heilige Familie zum ersten Male hinter den grünen Zaun mit den weißen Spitzen stellte. Wie lange das her ist! Damals ging ich noch in die Schule. Ich denke an den Abend, wo der rote Hirsch aus Brotteig, der heute längst kein Geweih mehr hat, umpurzelte und drei Bäumchen über das Geländer riß, daß sie in die Flammen kamen und lichterloh brannten. Die Mutter – oder war's der Vater? – nein, die Mutter griff mit raschen Händen zu

und löschte den Brand. Wie die Zeit vergeht! Wie lange ist meine Mutter nun schon tot!

Und kleiner werde ich und immer kleiner. Auf einmal habe ich nur noch kurze Höslein an und bin wieder ein gebirgischer Bube, der barfuß auf der Gasse herumläuft und der am Maria-Magdalenen-Tag in den Ästen des breiten Birnbaumes sitzt und die Kirchstraße hinunterspäht –

Und horch, da kommt sie auch schon, die Bergparade! Tschingtarata, tschingtarata, bum, bum, tsching – – –. Würdevoll, feierlich, im Takte des altberühmten Kniebügelmarsches kommt sie über das Stolperpflaster des Marktes daher. Voran der Herr Betriebsdirektor oder der Herr Obersteiger mit dem vergoldeten Degen. Vornehm und stolz! Dann zwei Steiger mit schwarzgelben Federbüschen auf den Kappen, mit großen steifgeplätteten Krausen um den Hals, mit Säbeln und silbernen Stöcken, zwischen ihnen der Fahnenträger. Der hat vor Anstrengung einen richtigen Zinnoberkopf, aber mit starken Armen schleppt er die schwarzgelbe Fahne. Dahinter die Musikkapelle mit schwarzroten Federstützen! – „Das sind die Neustädter!" „Nein, die Schneeberger!" „Nein, die Neustädter!" – Wie die Trompeten und Posaunen in der Sonne funkeln! Wie die Trommeln rasseln! Wie die Musikanten die Backen aufblasen! Wie großartig die große Pauke – bum, bum, bum,

bum – im Takt marschiert! Und nun die Bergleute, allemal vier nebeneinander. Was für Gesichter unter den grünen Filztöpfen: alte, junge, schnauzbärtige, bartlose, gemütliche und strenge! Wie fein sie heute aussehen! Die weißen Rüschen an den Kitteln! Die weißen Kniehosen mit den schwarzen Knieriemen! Die hellen Strümpfe und die blitzenden Schnallenschuhe! Nein, so was! Man sollte es gar nicht für möglich halten, daß es dieselben sind, die gestern noch mit eingedrücktem Hut und schmutziger Kutte Schicht gemacht haben. Aber richtig: Da ist ja der Herr Scheußlich aus dem „Gehäng" und der Herr Burkhard aus der Badergasse! Wo bleibt denn aber der Herr Bretschneider? Ach so, der ist ja ein Zimmerling, der trägt ja keine Hacke, sondern ein Beil auf der Schulter, dem hängt ein breites Schurzfell bis über die Knie herunter. Richtig, da ist er schon! Glückauf, Herr Bretschneider! – Dann waren noch die Bergschmiede und die Schachtmaurer zu bewundern in ihren weißen Kutten, Äxte oder Hämmer auf den Schultern. Und dann war es aus. Dann kamen die Neustädtler Buben, die früh um sieben am Bergamt mit gestellt hatten. Dann kamen die Männer, Frauen und Kinder, die an den Straßen gestanden und aufgepaßt hatten und die nun mit hineinwollten in die Sankt Wolfgangs-Kirche, aus der schon die Orgel brauste.

Nun hieß es: Herunter vom Baum, wenn man auch noch einen Platz beim Altar haben wollte. Schaurig kühl war's in der hohen Halle, aber unzählige Menschen waren schon da, und die Sonnenstrahlen fielen in schmalen Streifen durch die Fenster. Nun stimmten sie ein Lied an, das man in der Schule noch nicht gelernt hatte; und alle die Häuer und Zimmerlinge, der Herr Obersteiger und der Herr Bretschneider und alle die erwachsenen Leute sangen mit. Dann stand auf einmal der Herr Super-in-ten-dent auf der Kanzel und hielt eine Predigt. Glückauf! ist unser Bergmannsgruß, Glückauf, Glückauf, Glückauf – das war das schöne Lied, das zu Weihnachten aus allen Häusern klang –, das sagte er her, und daß der liebe Gott den Bergbau im Gebirge erhalten soll und reiche Ausbeute bescheren und daß er alles

Unglück abwenden solle von den Zechen, das sagte er auch, das übrige verstand man noch nicht so genau. Dann wurde wieder gesungen und dann war es „alle". Dann zogen die Bergleute nach Neustädtel zurück, und am Abend war Ballmusik in der „Goldnen Sonne" und im „Karlsbader Haus".

Und wenn man nach Hause kam, entsetzte sich die Mutter, die nicht Zeit gehabt hatte, mitzugehen: „Junge, mit den Händen warst du in der Kirche?" „Ja", sagte man da, „der Steinmüllers Paul war auch mit drin." Das zählte nun freilich bei der Muter nichts, aber sie zankte diesmal nicht weiter; sie schüttelte bloß den Kopf und sagte: „'s ist nur einmal im Jahre Bergfest; da mag's mal so hingehen!"

Ja, ja, so war es! Mein Gott, wie lange ist das alles schon her! Wie die Zeit vergeht! Und die Lichter meiner Pyramide sind auch schon bald heruntergebrannt. Sieht es nicht aus, als wollte das Flügelrad nun doch noch müde werden? Müde! Wenn es doch gegen das Müdewerden ein Mittel gäbe! Aber ich werde trotzdem, wenn mir mein gutes Glück noch einen Sommer schenkt, noch einmal zum Bergfest in meine Heimat reisen!

Glückauf! ist unser Bergmannsgruß,
Glückauf, Glückauf, Glückauf!

Ich glaube gar, jetzt hab' ich alter Mann gepfiffen wie ein Gassenjunge!
Ja, die Erinnerung!

Kurt Arnold Findeisen

Weihnachten im Erzgebirge

Endlich befinde ich mich auf der Kleinbahn in einem Abteil dritter Klasse. Um mich herum sitzen und stehen glückliche Menschen, die zum Heiligen Abend nach ihrer Heimat fahren. Allerhand Schachteln, Koffer und Körbe füllen im übrigen den Wagen erdrückend aus. Es sind Weihnachtsgeschenke, vorsichtig doppelt und dreifach verpackt. Da gibt's fröhliches Grüßen, Jugendfreunde und Gespielinnen treffen einander nach Jahren zum ersten Male wieder. Ein junges Mädchen mit beängstigend roten Backen und einer noch röteren Schleife am Hut zeigt stolz und doch verschämt ihren Freundinnen eine Photographie, die sie sorgsam aus dicker Watte enthüllt. Mit gierigen Blicken verschlingen diese das Bild, und auch die Burschen schauen von oben herab darauf. Es ist das Konterfei ihres Bräutigams, das den Eltern zu Weihnachten gezeigt werden soll. Das Original konnte leider nicht mitkommen, da es keinen Urlaub erhalten hatte.

Mit tüchtiger Verspätung gelangt der Zug an das Ziel meiner Wünsche. Die wenigen Menschen, die hier aussteigen, verlaufen sich schnell. Große weiche Flocken fallen langsam vom Himmel, der sich bis auf die Erde herabsenkt. Sie taumeln unentschlossen durcheinander. Weihnachten im Gebirge! Weite, weiße Fläche, dunkelschwarzer Wald. Feierliche Ruhe, jahrhunderttausendalte heilige Ruhe. Nur der Lärm ist augenblicklich, ist vorübergehend. Es ist mir, als ob ein Rätsel gelöst werden sollte.

Gleich unten liegt das Dorf. Es dämmert schon, und hier und da fängt ein rotes Lichtlein an durch den Schnee zu glitzern. Bald bin ich drunten. Kleine Kinder ziehen auf der Dorfstraße erwartungsfroh auf und ab. Sie singen innig und in falschen Tönen:

Du lieber, guter, heil'ger Christ,
Weil heute dein Geburtstag ist – –

Die Fenster erleuchten sich. Ich sehe in einige Stuben hinein, überall beschäftigen sich die Leute mit den letzten Vorbereitungen für das Christfest. Die ganze Familie ist eifrig tätig. Auch die Kinder helfen. Es ist nicht wie in der Stadt, wo die Kinder den Lichterbaum fertig geputzt vorfinden, wenn sie zur Bescherung in das bis dahin verschlossene Zimmer treten. Hier ist jeder, auch der kleinste Knirps, hilfreich, das Fest so stattlich und schön wie möglich zu gestalten. Schon wochenlang wird vorher „gebastelt". Die Weihnachtskrippen, die oft Hunderte von Figuren haben, fordern jahrelange, mühevolle Arbeit. Einiges hat schon der Großvater geschnitzt, als er noch ein junger Bursch war, der Vater arbeitet weiter am Werke, und die Kleinen helfen so gut wie's geht und sehen mit strahlenden Augen zu, wie sich das alles täglich herrlicher und prächtiger gestaltet. Der kleine Fritz hat bereits alle Finger verbunden, weil er – jeder Technik bar – sich öfters als die anderen schnitt. In einem echten und rechten Erzgebirgsdorf wird fast jeder vor Weihnachten zum eifrigen Künstler. Bei solchem Fleiß, der die Abende bis zur Mitternacht verlängert, kann der Lohn nicht ausbleiben, und die Arbeit lobt

den Meister. Und mehr wird nicht erwartet, denn keiner denkt daran, seine Schnitzerei zu verkaufen.

Von sechs bis sieben Uhr ist das Dorf am schönsten beleuchtet, wurde mir gesagt. Ich trat also gegen sechs Uhr, beschwert mit einem Kistchen Schokolade, einen Rundgang an. Tausend Lichter brennen. Bergmannsleuchter, Türken und weiße, große Weihnachtsengel mit sonderlichen Lichtkränzen stehen auf den Fensterbrettern. Überall kann man ungehindert in die Stuben blicken, kein Vorhang verhüllt neidisch die Weihnachtspracht. Bergspinnen, das sind Hängeleuchter, Pyramiden, Krippen strahlen verschwenderisch Licht aus. Und die Familienmitglieder stehen bewundernd vor den selbstgeschaffenen Werken. Ich ging in viele Stuben hinein. Die übertropische Hitze, die in ihnen herrschte, hielt mich nicht ab. Die Leute waren glücklich, daß ein Fremder sich mit ihnen freute.

Dort hält ein kleines Mädchen sein Bischekinde empor und erklärt ihm umständlich, wie der Engel den Hirten die frohe Mär verkündet. Da sitzt ein altes Paar still vor einer Krippe. Niemand ist sonst im Zimmer – kein Enkelkind – nur für die Alten brennen die Lichter und leuchten die bunten Christsterne. Sie haben das alles nur für sich aufgebaut. Ohne Krippe wär's ja kein richtiges Weihnachtsfest gewesen. Und die Krippe kann ja so gut erzählen, viel besser, als alle Menschen.

Und welche Abwechslung ist in den Krippen! Bergleute hämmern, die Gestalten der heiligen Geschichte nahen sich, da unten saust ein Eisenbahnzug, und hier oben erlegt soeben, nicht weit von den Jüngern, Stülpners Karl, der erzgebirgische Wildschütz, einen überaus feisten Hirsch.

122

Dort sieht man mit wehenden Fahnen eine Bergparade, die Türe einer Kirche öffnet sich, und heraus tritt der Pfarrer, um den Zug zu begrüßen. Ein Springbrunnen rauscht, und Joseph und Maria mit dem Christkinde fliehen an ihm vorüber nach dem fernen Ägypterland. Oben aber in den Bergen rodeln die Menschen höchst vergnüglich.

Man kann über diese Ungereimtheiten wohl lächeln. Aber bei unseren einfachen Volkskünstlern ist der Weihnachtsgedanke so lebendig, daß er nicht nur vergangenen Zeiten angehört, sondern daß er jedes Jahr von neuem entsteht. Die Krippenverfertiger sehen daher nichts Absonderliches darin, wenn sie in ihren Werken Vergangenheit und Gegenwart verbinden.

Nun noch einen kurzen Blick von den Krippen, den in Holz geschnitzten Volksliedern, in die anderen Teile der Stube. Die Bescherungen sind einfach; wenig Spielzeug, aber nützliche Gebrauchsgegenstände. In einigen Stuben ist der Tisch mit neunerlei Gerichten gedeckt.

Semmelmilch darf dabei nicht fehlen und bleibt die ganze Nacht über stehen. Oft waren die Dielen mit Stroh belegt, ein Gebrauch, der an den Stall zu Bethlehem erinnern soll. Viele Familien bleiben die ganze, heilige Nacht munter, läuten doch bereits früh drei Uhr die Glocken zur Christmette.

Wie ein Weihnachtsmärchen ist eine erzgebirgische Christmette. Nach vier kommen schon die Leute zur Kirche gezogen. Es ist bitterkalt. Ein klarer Sternenhimmel funkelt tausendfältig hernieder, und der Schnee knirscht bei jedem Tritt. Überall

flimmern jetzt kleine Erdenlichter, von den fernen Bergen und aus dem schwarzen Wald glitzert es. Die Kirchgänger sind's, ein Licht in der Hand. Und die Kinder spielen heute eine gar bedeutsame Rolle. Sie sind leibhaftige Engel in langen, weißen Gewändern. Auf dem Kopfe tragen die Mädchen kleine goldene Kronen, und goldene Flügel machen das Engelbild fertig. An den Füßen aber haben die Engelein große, dicke Filzschuhe, denn sie mußten ja durch hohen Schnee pilgern, und die Flügel taugten leider zum Fliegen nichts. Manche hatten schon einen stundenlangen Weg hinter sich und vor grimmer Kälte sich rote Näschen zugelegt. Die Jungen standen den Mädchen an Engelhaftigkeit nichts nach, was ich mit Freuden berichten muß. Auch sie hatten lange, weiße Gewänder an. Bei

Die heilgen 3 König' mit ihrem Stern,
Sie essen, sie trinken, u bezahlen nicht gern.

einigen waren es die Feiertagshemden ihrer Väter. Ganz besonders aber wirkten die bunten Schärpen und zumal die hohen güldenen Pappmützen mit durchbrochener Arbeit. In der Mitte dieser absonderlichen Kopfbedeckungen brannte ein Licht. Da hieß es, hübsch gerade einhergehen, was bei der Glätte des Bodens oft bedenkliche Schwierigkeiten hatte.

In der Kirche ist es gestopft voll. Unter Orgelton und kräftiger Jericho-Musik kommen die Engel in langem Zuge bis auf den erhöhten Altarplatz, wo sie sich aufstellen. Die Kirchenbesucher spähen nach ihren Engeln und freuen sich, wenn sie besonders engelhaft anzuschauen sind. Das feierliche Spiel beginnt. Ein Englein singt mit frischer Stimme die Verkündigung von der Kanzel. Das war ein Lerchenlied im Winter. Die Hirten und die heiligen drei Könige treten auf und sagen Rede und Gegenrede. Dazwischen hält der Pfarrer eine kurze Predigt über das Fest aller Feste und nimmt auf die heimischen Gebräuche Bezug. Dann folgt wechselseitiger Gesang der Engel und der Gemeinde, kurz und gut, eine schlichte Feier ist's, wie man sie sich schöner gar nicht denken kann, ein echtes und rechtes Weihnachtsspiel, wie es kein Stadtkind in allen seinen Märchenaufführungen mit Ballett und bengalischer Beleuchtung erlebt.

Wenn die Mette beendet ist, da leuchtet mit schwachem Scheine schon das Frühlicht hinter den Waldbergen hervor und begrüßt die vielen Menschen, die nach Hause ziehen. Die ersten Strahlen der Sonne glitzern in den Papierkronen der glücklichen Kinder. Und die Kinder sind stolz, daß sie heute Engel sind, daß sie so schön gesungen haben und daß sie gar so lieb aussehen. Die Musikanten aber erklären, daß sie, ungeachtet der frühen Morgenstunde, Durst hätten. Mit den Leinewebern und Bürstenbindern, denen der Volksmund stets eine trockene Gurgel zuschreibt, gehören sie einer Zunft an, die an Fest- und anderen Tagen das Trinken nicht verachtet.

Oskar Seyffert

Ein Besuch beim Altmeister Hertelt

Es war in Oberwiesenthal, der hochgelegenen Stadt, zur Weihnachtszeit. Ein seliges Ahnen ging leise über Felder und Wälder. Das Fest aller Feste zog vom Himmel auf die Erde. – Es gab Neuschnee. Unten in der Niederung plantschte der Regen, hier oben glänzte und funkelte alles in jungfräulicher, strahlender Reine. Nur an einigen Stellen, über die der Wind strich, lagen die dunkelbraunen Schollen bloß.

Ich wollte mir die neuaufgebaute Krippe des Altmeisters Hertelt ansehen. In einem Hause am Markte sollte sie sich befinden. Ich frug ein Kind. „Gleich neben dem Gasthof zum Deutschen Kaiser." Ja – da war zu lesen: Gemüsewarenhandlung von Meta Hertelt. Aha, der Name war richtig.

Ich kannte die im Erzgebirge berühmte Krippe schon seit Jahren. Nur ihre neue Aufmachung hatte ich noch nicht gesehen. Links und rechts waren zwei Gruppen hinzugekommen. Singende Englein, die ihre Lieder aus großen Notenheften innig ablasen. Hertelt hat die Anregung hierzu Ludwig Richter zu verdanken.

Der Weihnachtsberg würde einen stärkeren Eindruck machen, wenn er in der Farbengebung und hier und da auch in der Schnitzerei etwas herber wäre. Die strengen Holzschnitzereien vergangener Jahrhunderte können nicht genug als Vorbilder in ihrer einfachen und kräftigen Ausführung bezeichnet werden. Aber immerhin: Das Werk übt eine nachhaltende Wirkung aus. Da ich wußte, daß Hertelt sich freuen würde, wenn ich ihn in seiner Wohnung aufsuchte, machte ich mich nach Besichtigung des Berges auf den Weg. Er wohnt im letzten Hause der Zechenstraße. Von hier an zieht sich der Fichtelberg empor. Der greise Volkskünstler – er ist 83 Jahre alt – war glücklich, als er mich wieder einmal sah. Er hatte noch volles, schwarzes Haar. Er war eben beim Schnitzen einer Hirtengruppe. Angefangene und vollendete Figuren standen auf

Weihnachtslied.

dem Fensterbrett. Der Alte findet immer noch im Schaffen seine größte Freude. Nur sein rechtes Auge will nicht mehr recht mit. „Denken Sie, Herr Professor, wenn ich mit dem kranken Auge in ein Licht blicke, so vervielfältigt sich sein Schein, und unzählige Flammen flimmern im Halbkreis.

Das ist wunderschön, wenn ich zum Beispiel von Annaberg nach dem nahen Buchholz hinüberschaue, nachts,
wenn die Sterne am Himmel und in der Stadt die Lichter
glühen. Das sollten Sie mit meinem kranken Auge sehen!
Das sollten Sie sehen! Ein jedes Licht verhundertfacht sich,
und das Ganze ist eine helle Pracht, die man gar nicht beschreiben kann."

So weiß der alte Mann sich aus seiner Not eine Offenbarung von Schönheit zu gestalten. Warum? Weil er ein
Künstler ist, und weil seine Seele voll ist von dem Lichte,
das die Kunst in das Menschenherz hineinleuchtet.

Und deshalb wollen wir jede künstlerische Regung, die
in unserem Volke keimt, sorgsam hegen und pflegen, denn
wir vergrößern ein Glück, das ein gütiges Schicksal uns gegeben. Und die Sitten und Gebräuche, an denen unser Volk
in zäher Liebe hängt, und über die wir Stadtleute oft leicht-
fertig urteilen und lächeln, sind oft die einzige Poesie, die
das arbeitsreiche und mühselige Leben der armen Leute er-
hellt und erwärmt. Das Weihnachtsfest mit seinen Krippen
und Leuchtern, mit seinen Engeln, mit seiner Mette ist dem
Gebirgler immer eine neue Offenbarung von Glück.

Als ich durch den Wald nach Hause schritt, schallte das
Geläut der Stadt herüber. Die Glocken künden Menschen-

schicksal oder rufen zur Andacht. Ein anderes Klingen ist im Walde, wenn die Bäume singen. Das Lied ist erhaben über Freude und Leid. Der Mensch, der ihm lauscht, legt aber das hinein, was er selber fühlt und denkt, und so wird der Wald zum eigenen Ich, mit dem er Aussprache hält. Die Menschen, die den Wald verstehen, lernen sich selber kennen und sind trotz ihrer Armut nicht ganz vereinsamt und verarmt.

Und zu Weihnachten zieht mit den Krippen und Christbäumen der Wald in das Haus der Erzgebirgler. Er zieht hinein in die Stuben und breitet sich dort aus.

Das ist eine schöne Sitte.

Oskar Seyffert

Engel und Bergmann

Engel
„Vom Himmel bring ich das Licht zur Erde,
damit es überall wieder Weihnachten werde.
Friede und Freude hab ich zu verkünden,
vergeben werden sollen alle Sünden."

Bergmann
„Aus tiefstem Dunkel steig ich empor
und bring das helle Licht mit hervor.
‚Glück auf' strahlt es und spendet Segen
und schenkt Freude und Lust am Leben."

Engel und Bergmann
Das wärmende Licht der beiden scheint,
Engel und Bergmann sind wieder vereint.
Sie begleiten die stillen, dunklen Tage
als Lichtbringer und spenden Trost, ohne Frage.

Elke Wengerek

Aufmarsch der Spielzeuggestalten

Eine kleine Holzfigur als Ansagerin

Das Spielzeug aus dem Seiffner Land
ist in der ganzen Welt bekannt;
es ist von künstlicher Gestalt,
und aus ihm spricht der deutsche Wald.
Besonders haben's alle gern,
wenn drüber strahlt Bornkindleins Stern;
denn als das Kind geboren war
und mit ihm spielt' der Englein Schar
und eins ihm unser Zeug gebracht,
da hat's zum erstenmal gelacht.
    So ist um uns, versteht's, ihr Leut,
das ganze Jahr lang Weihnachtszeit,
und jedes Ding ist so gemacht,
daß tief in euch ein Kindlein lacht.
Wer uns gut Freund, dem öffnen wir
allzeit der Kindheit goldne Tür.
       Glück auf!

Bergmann und Engel

Der Bergmann spricht:

Ich komme von unten,
steig wieder hinunter,
nach Schätzen zu schürfen,
nach edlem Metall.
Da unten ist's dunkel
und dumpf und verworren.
Kaum blitzt durch die Gänge
mein freundliches Licht.
Ich hacke und schaufle,
ich bohre und wühle;
das letzte Geheimnis
entreiß' ich dem Grund.
O steigt in die Tiefe,
o ringt mit dem Erdgeist!
Im nächtlichsten Dunkel karfunkelt sein Herz!

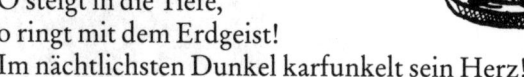

Der Engel spricht:

Ich komme von oben,
fahr' wieder zum Himmel,
geflügelter Bote
befittichter Schar.
Da oben ist's heiter,
da tanzen die Sonnen.
Dies Licht nur ein Fünkchen
des seligen Scheins.
Doch leucht' ich euch gerne
und lehre euch schweben:
Ein jeder hat Flügel,
sobald er dran glaubt.
O schwingt in den Glanz euch;
es winken der Weihnacht
sperrangelweit offene Türen!
          Glückauf!

Kurt Arnold Findeisen

131

Räucherkerzchenmänner

Der Soldat

Ei du geliebte Tabakspfeife,
dich lobt Rekrut und Alter Mann.
Wenn ich von dir Besitz ergreife,
wärmst du mir gleich die Nase an.
Pfeifendeckel auf und zu!
Ei du, ei du,
du wärmst so schön die Nase an.
Hatschi!

Der Rastelbinder

Er: Servus, Vater, Mutter, Kinder!
Die Kinder: Guten Tag, Herr Rastelbinder!
Er: Mausifalli, Rattifalli,
alles, was Sie haben wollen,
Pfännle, Töpfle, Näpf' und Tiegel,
Stürzen, Löftel, Kleiderbügel.
Einzustricken Form und Faß.
Gute Mutter, kauf sie was!

Die Mutter: Mäuslein ist ins Garn gegangen,
Ratte hat der Spitz gefangen.
Nichts zersprungen, nichts zerbrochen,
dreizehn glatte Töpf' zum Kochen,
reichen noch bis nächsten Winter,
brauche nichts, Herr Rastelbinder!

Der Türke

Ich bin der Sultan Soliman –
man sieht mir's schon von weitem an –
ich hab dreihundert Frauen,
die ärgern mich oft gar zu sehr
und lamentieren kreuz und quer
und machen mir das Leben schwer.
Dann nehm ich meine Pfeife her
und laß sie – p – miauen.
Und blas – p –, was ich blasen kann,
und denke – p –: Was geht's dich an?
Ich bin der – p – p – Soliman,
der macht sich da nichts draus – p – p –
p – p –, nun ist die Pfeife aus!

Der Nußknacker

(in bärbeißigem Ton)
Ich hab – schon manche Nuß – gepackt,
krick – krack – und mitten durch – geknackt.
Der Spielzeugmacher – der mich schuf –
gab mir das Knacken – zum Beruf.
Ich knacke große – ich knacke kleine,
und was nicht aufgeht – das sind Steine.
Ich knacke hart – ich knacke weich,
nur immer her – mir ist das gleich.
Doch sag ich eins euch ins Gesicht:
Verknacken – ha! – laß ich mich nicht!

Der Zappelmann

Zieht einer mich am Strick,
tanz ich im Augenblick.
Du denkst: Der arme Wicht!
Das tut ein Mann doch nicht!

O weh, mein lieber Franz,
auch du drehst dich im Tanz.
Meinst du, daß man nicht sieht
den Strick, dran „Es" dich zieht?

Kurt Arnold Findeisen

Das Heiligohmdlied

Heit is dr Heil'ge Ohmd! Ihr Maad',
kummt rei'! mr gießn Blei!
Rick' laaf geschwind zr Hanne-Christ:
Se söll bei Zeitn rei'!
Mr hoom 'ne Lächter a'gebrannt!
Satt nauf, ihr Maad'! die Pracht!
Do driim bei eich is aa racht fei':
Ihr hatt ä Sau geschlacht!
Iech ho' mr aa ä Lichtl kaaft
fr zwee-ä-zwanzig Pfeng.
Gih, Hanne, hul' ä Tippe rei':
Mei Lächter is ze eng!
Kahr! zind' ä Weihrauchkerzl a',
doß 's nooch Weihnachtn riecht!
Un stell's neer off dos Scherbel hii,
dos unner'n Uf'n liegt!
Lott'! dortn off dr Hühnersteig'
do liegt menn Lob sei Blei:
Na, rafl neer net su dort rim,
sist werd dr Krienerts schei!
Denn 's Mannsvolk hot sei Frad an wos,
sei's aa, an wos's neer will:
Mei Voter hot's an Vuglstelln,
dr Kahr, daar hot's an Spiel.
De Maad' die springe hie un haar
un hoom ä halle Frad:
– Drweile fällt ä Tippl im ...
Dos war de kleene Mad!
Mr hoom aa sachzn Butterstolln
su lank wie de Ufnbank:
Un wenn mr die gegassen hobn
do sei mr alle krank.
Mr hoom aa Neinerlaa gekocht!
Aa Worscht mit Sauerkraut!
Mie Mutter hot sich o'geplogt,

die alte gute Haut!
Rick'! brock' de Sammimillich ei!
Nasch' oder net drvu!
Ihr Gunge, werft kann Respl ro'
in's Heilig-Ohm'nd-Struh!
Waar giht da' iber'n Schwammetopp?!
Nu Henner! ruhst de net?
Nu wart neer: wenn dr Voter kimmt,
mußt wahrlich glei ze Bett!
Nä horcht neer mol in Ufntopp
dos Rumpln un dos Geing!
Na, wenn es neer net winsln tut!
– Denn sist bedätt's noch Leing.
Ne Heiling Ohmd im Mitternacht
do lässt statt Wasser Wei'.
Wenn iich mich neer net färchtn tat',
ich hult' enn Topp voll rei'.
Denn driim an Nachbersch Wassertrug,
do stiht ä grußer Ma',
un waar net rächte Tatzn hot,
dann läßt 'r gar net na'!
Lob! hui' drweil benn Hanne-Lieb
ne Votr ä Kannl Bier!
Un wenn de kimmst, do singe mr:
„Ich freie mich in dir –".
Ihr Kinner, gitt in's Bett nu nauf:
Dr Seeger zeigt schu Ees.
Epp mir Weihnachten wiedr erlaam? ...
– Wie Gott will, su gescheh's!

nach Albert Zirkler

Eines der ältesten Weihnachtslieder in Mundart, von dem 140 Strophen bekannt sind. Entstanden im 1. Drittel des 19. Jh., 1844 erstmals gedruckt.

Christkind

Die Nacht vor dem heiligen Abend
Da liegen die Kinder im Traum,
Sie träumen von schönen Sachen
Und von dem Weihnachtsbaum.

Und während sie schlafen und träumen,
Wird es am Himmel klar,
Und durch den Himmel fliegen
Drei Engel wunderbar.

Sie tragen ein holdes Kindlein,
Das ist der heil'ge Christ,
Es ist so fromm und freundlich,
Wie keins auf Erden ist.

Und wie es durch den Himmel
Still über die Häuser fliegt,
Schaut es in jedes Bettchen,
Wo nur ein Kindlein liegt.

Und freut sich über alle,
Die fromm und freundlich sind,
Denn solche liebt von Herzen
Das liebe Himmelskind;

Wird sie auch reich bedenken
Mit Lust aufs Allerbest,
Und wird sie schön beschenken
Zum morgenden Weihnachtsfest.

Heut' schlafen noch die Kinder
Und seh'n es nur im Traum,
Doch morgen tanzen und springen
Sie um den Weihnachtsbaum.

Robert Reinick

137

Weihnachtslied

Morgen, Kinder, wird's was geben, morgen werden wir
uns freun!
Welch ein Jubel, welch ein Leben wird in unser'm Hause
sein.
Einmal werden wir noch wach, heißa, dann ist Weih-
nachtstag!

Wie wird dann die Stube glänzen, von der großen Lichter-
zahl,
schöner als bei frohen Tänzen ein geputzter Kronensaal!
Wißt ihr noch vom vor'gen Jahr, wie's am Heil'gen Abend
war?

Wißt ihr noch, mein Reiterpferdchen, Malchens nette
Schäferin?
Jettchens Küche mit dem Herdchen und dem blankge-
putzten Zinn?
Heinrichs bunter Harlekin mit der gelben Violin?

Wißt ihr noch den großen Wagen und die schöne Jagd von
Blei?
Unsre Kleiderchen zum Tragen und die viele Näscherei?
Meinen fleiß'gen Sägemann mit der Kugel unten dran?

Welch ein schöner Tag ist morgen! Neue Freuden hoffen
wir.
Uns're guten Eltern sorgen lange, lange schon dafür.
O gewiß, wer sie nicht ehrt, ist der ganzen Lust nicht wert.

C. C. Hering (1766–1853), 1850;
Ph. Bartsch (1770–1833)

Die Wohlthätigkeit

Dichte Flocken fielen an dem naßkalten Decemberabend den zahlreichen Spaziergängern in den Straßen der Hauptstadt auf die Wangen und hüllten Alles in ein dichtes Gestöber ein. Selbst die sonst so hellen Gaslaternen vermochten kaum das Flockengewimmel zu durchdringen. Das aber hielt mindestens zwei Köchinnen nicht ab, die Hände eng in die wollenen Schürzen gewickelt, am Brunnen, aus dem sie Wasser holten, ein wenig stehen zu bleiben und heimlich zu plaudern; hat doch der plätschernde Brunnen von jeher das Recht, die Leute um sich zu versammeln, deren Worte wie Wasser leicht und plätschernd über die Lippen gleiten.

„Nein, Hannel", sagte die jüngere der beiden Mädchen, „wenn ich nur eigentlich wüßte, was ich bekommen sollte. Meine Herrschaft, die sonst immer so gut gegen mich ist, läßt sich doch diesmal gar Nichts gegen mich merken. Man merkt nicht einmal, ob's ein Kleid ist."

„Sieh", sagte die ältere der Beiden, „ich gestehe Dir's, ein wenig neugierig bin ich wohl auch, aber da ich sehe, es ist mir unnütz, weiter zu grübeln, so lasse ich's, zerstöre mir meine Freude nicht und warte es ab. Auch habe ich meine herzliche Lust daran, daß wir morgen der alten Waschchristel bescheeren gehen. Die soll große Augen machen, wenn die heiligen drei Könige zur ihr und ihren armen Kindern einrücken."

„Wer ist denn Eure Waschchristel?" fragte Jene verwundert.

„I nun, weißt du, des langen Hübners Frau, der vor ein paar Jahren beim Bauen verunglückte – und nun muß die arme Witwe sich durch Scheuern und Waschen kümmerlich ernähren. Da sie bei uns sich immer als ein treues, fleißiges und redliches Wesen gezeigt hat, so geht unsre Madame diesmal gar nicht ab und wir gehen Alle vermummt hinüber, der junge Herr und die Fräuleins auch mit; das wird ein hübscher Abend werden."

Von oben rief Jemand; die Mädchen sagten sich leise gute Nacht und Hannel trug nun, das Versäumte einzuholen, die beiden Wasserkannen hinauf in ihre Küche.

Den andern Tag war schon frühe viel Leben in des Herrn Rendanten Hause, wo Hannel diente. Die Dienstleute waren Alle mit Beendigung ihrer Feiertagsarbeiten beschäftigt, indeß die Familie schon zu dem abendlichen Freudengange die verschiedensten Dinge zurechtlegte.

Franz, der Sohn des Hauses, der grade von seinen Universitätsstudien zu den Ferien nach Hause gekommen war, hatte sich Papas großen Hauspelz umgewendet und seine Pelzmütze daneben gelegt. Er hatte als Knecht Ruprecht zu kommen sich vorgenommen. Für Christel und Hannel, sowie für die beiden Töchter des Hauses, Meta und Agnes, lagen allerhand Vermummungen bereit. Da hatte die Mutter verschiedene große Tücher auf den Familientisch gelegt, ja die Hannel sollte sich gar, um die Witwe Hübner mit den Ihren bei den Entdeckungsversuchen irre zu führen, wie eine Dame kleiden. Die Mutter hatte die Geschenke mit dem Vater nun bereit gelegt; zuerst stand ein netter Tannenbaum, schon mit Lichtern besteckt; den wollte man in der kleinen Hausflur der Armen anbrennen.

Dann folgten ein großer Christstollen für die Mutter und zwei für die Töchter der Witwe. Für ein Jedes lag ein warmes wollnes Tuch dabei. Die Töchter der Rendantin hatten aus ihres Bruders Konrad altem Rocke der Waschfrau eine tüchtige, warme Jacke zusammengeschneidert, die zugleich als Probestück der eignen Schneiderfertigkeit den Mädchen ein rühmliches Zeugniß gab; der Vater hatte ein Paar neue Filzschuhe, einige Pfund Fleisch und eine lange Wurst aus der Rauchkammer zugefügt, die beiden Mädchen trugen ein Schock Äpfel und ein Schock Nüsse zusammen. Konrad gab seinen großen Pfefferkuchen her und aus den vereinigten Beiträgen aller Sparkassen in des Rendanten Haus entstand ein blitzblankes Zweithalerstück, welches eben erst die Münze verlassen zu haben schien.

Für die Kinder gab es für jedes eine abgelegte Kapuze,

ein warmes Wintertuch, einen Korb, den man mit Holz füllte, ein Bilderbuch und ein Paar tüchtige Schuhe, welche der Vater eigens bestellt hatte. Das Garn zu Strümpfen aber gab Hannel; denn das hatte sie sich erbeten. Sie wolle der alten Waschchristel auch Etwas geben und wenn sie Etwas geben dürfe, dann würde auch sie erst die rechte Freude an der Weihnachtsbescheerung haben. Ebenso wollte sie ein Paar Hände voll klappernde Nüsse in die Stube werfen, wenn man daselbst eintrete; das sei einmal ein schnell verstandener Weihnachtsgruß.

Es war eben dunkel geworden; die Leute trippelten ihren warmen Stuben zu. Auf dem Strietzelmarkte wurde es nach und nach immer ruhiger; die armen Kinder, welche verkauften, löschten ihre Lichter, zählten sich im Kopfe ihre kleine Einnahme aus und gingen vergnügt nach Hause. Auch die Witwe Hübner war erst unlängst daheim angekommen; mit Vergnügen hatte sie und die älteste Tochter schon hier und da blendenden beginnenden Lichterglanz des Heiligen Abends an den Fenstern gesehen.

Als sie daheim ankamen im ärmlichen Stübchen, hatte die jüngste Tochter schon treulich hausgehalten. Sie war den Nachmittag im Holze gewesen und hatte zwei Körbe voll Holz für die Feiertage gelesen; zum Überflusse hatte sie noch ein ziemlich knorriges dürres Stämmchen in den Händen hereingetragen. Darum empfing ein lauschiges Stübchen die ziemlich durchfroren Heimkehrenden; die Mutter hatte in der Stadt gescheuert und die ältere Tochter ihr beim Fensterwaschen geholfen.

Ebenso kochte im Ofen ein Töpfchen Kartoffeln und auf dem Tische stand schon Brod und ein irdnes Näpfchen mit Wurstfett, welches sich die Armen als Luxus für die Feiertage angeschafft hatten. Überdies wußte man schon so viel, daß die Mutter bei Secretairs, von denen sie eben kam, ein Stückchen Strietzel und wohl auch den ersten Feiertag vom Herrn Rendanten ein Stück Stollen erhalten werde.

Kaum hatte sich die Mutter umgekleidet, so langte sie mit geheimnißvoller Geberde aus einem großen Stücke

weißen Papiers „Secretairs Weihnachtsgeschenk", ein
Stück feinen Stollens, heraus. Es wurde beguckt, sein Duft
eingesogen, endlich beim Schälchen Kaffee gekostet. Endlich kam auch das Gericht Kartoffeln mit Wurstfett an die
Reihe. Die Mutter stand nach dem einfachen Mahle auf;
ihre Töchter stellten sich wie die Mutter hinter die Stühle
und nun beteten sie zusammen:

„Segne, Herr Jesus, himmlischer Gast,
Alles, was du bescheeret hast.
Nimm uns in deine himmlische Wacht,
Gieb uns eine geruhige Nacht." –

Poch! poch! – ging's da plötzlich draußen.

Es hatte schon vorher draußen geräuspert. Die Tür ging
auf: Hulter pulter flogen ein Paar tüchtiger Hände voll
Nüsse herein in die Stube und männiglich vermummt
schritten Knecht Ruprecht, der heilige Nicolaus und verschiedene vermummte Frauen herein. Ein Wesen, mild wie
ein Engel, das Gesicht von einem weißen Schleier dicht gedeckt, trug einen hellstrahlenden Lichterbaum auf den
Tisch und nun ging es in aller Eile an ein Auspacken und
Auflegen der Geschenke: der Äpfel, Stollen, Schuhe,
Jacken, ein Bilderbuch, ein Korb mit Holz, ein blankes
Geldstück, so groß, wie es die arme Hütte noch nie gese-

hen hatte, ein Wintertuch und eine Menge von Dingen, die den armen Leuten, falls ihnen das Alles gehören sollte, das Gefühl übergroßen Reichthum gaben.

Die Bewohner des Stübchens standen alle Drei zusammengedrängt, wie verschüchterte Tauben, in einem Winkel des Stübchens. Die Mädchen machten die Augen groß auf, guckten einmal die fremden Gäste an, die ihnen wie himmlische Boten erschienen, und einmal wieder die einladenden Gaben, die nun alle auf dem Tische ausgebreitet lagen.

Die Besucher zogen sich von der Türe zurück; Ruprecht, mit tief herabgezogner Mütze erhob noch einmal seinen Arm; dann sprach er mit tiefer, brummiger Stimme: „Der Herr verläßt die Redlichen nicht; genießt Alles mit Freuden."

Sie trippelten dann durch die Türe. Hannel aber schoß die letzte Salve polternder Nüsse in die Stube und dann war Alles wie ein Traum verschwunden, wenn nicht die nun beguckten Geschenke sie das Gegentheil lehrten. Die Mutter weinte, weinte heiße Freudenzähren; hatte sie doch vor Überraschung nicht danken können. Dann rief sie betend nach oben: Herr, segne die frommen Geber. Und dir, verewigter Gatte, Fürsprecher da oben, heißer Dank!

Autor unbekannt

Anbetung

Als der Heiland zur Erde gekommen,
beteten die frommen
Hirten und Könige zu dem Jesuskind.

Denn ob wir Hirt oder König sind,
wir tragen alle Kreuz und Krone,
Händler, Bettler, Gaukler, Barone.

Uns allen geht das Wunder ein
in Winterlicht und Weihnachtsschein.
Und Wunder, daß in diesen Tagen

Hirten Königskronen tragen,
Könige wandern im Hirtensinn
zu dem armen Stall von Bethlehem hin

und bringen Gold und beugen die Knie
vor der Krippe und grüßen die Mutter Marie,
grüßen Joseph, Gott, Stern und das Kind,
durch das wir Hirt und König sind.

Max Zeibig

Gloria in excelsis Deo et in terra pax.

Ein Kind hat Kummer

Es gibt viele gescheite Leute auf der Welt, und manchmal haben sie recht. Ob sie recht haben, wenn sie behaupten, Kinder sollten unbedingt Geschwister haben, nur weil sie sonst zu allein aufwüchsen, verzärtelt würden und fürs ganze Leben Eigenbrötler blieben, weiß ich nicht. Auch gescheite Leute sollten sich vor Verallgemeinerungen hüten. Zweimal zwei ist immer und überall vier, in Djakarta, auf der Insel Rügen, sogar am Nordpol; und es stimmte auch schon unter Kaiser Barbarossa. Doch bei manchen anderen Behauptungen liegen die Dinge anders. Der Mensch ist kein Rechenexempel. Was auf den kleinen Fritz zutrifft, muß bei dem kleinen Karl nicht stimmen.

Ich blieb das einzige Kind meiner Eltern und war damit völlig einverstanden. Ich wurde nicht verzärtelt und fühlte mich nicht einsam. Ich besaß ja Freunde! Hätte ich einen Bruder mehr lieben können als Kießlings Gustav, und eine Schwester herzlicher als meine Kusine Dora? Freunde kann man sich aussuchen, Geschwister nicht. Freunde wählt man aus freien Stücken, und wenn man spürt, daß man sich ineinander geirrt hat, kann man sich trennen. Solch ein Schnitt tut weh, denn dafür gibt es keine Narkose. Doch die Operation ist möglich, und die Heilung der Wunde im Herzen auch.

Mit Geschwistern ist das anders. Man kann sie sich nicht aussuchen. Sie werden ins Haus geliefert. Sie treffen per Nachnahme ein, und man darf sie nicht zurückschicken. Geschwister sendet das Schicksal nicht auf Probe. Zu unserm Glück können aus Geschwistern Freunde werden.

Häufig bleiben sie nur Geschwister. Manchmal werden sie zu Feinden. Das Leben und die Romane erzählen über das Thema schöne und rührende, aber auch traurige und schreckliche Geschichten. Ich habe manche gehört und gelesen. Aber mitreden, das kann ich nicht. Denn ich blieb, wie gesagt, das einzige Kind und war damit einverstanden. Nur einmal in jedem Jahre hätte ich sehnlich gewünscht,

Geschwister zu besitzen: am Heiligabend! Am Ersten Feiertag hätten sie ja gut und gerne wieder fortfliegen können, meinetwegen erst nach dem Gänsebraten mit den rohen Klößen, dem Rotkraut und dem Selleriesalat. Ich hätte sogar auf meine eigene Portion verzichtet und statt dessen Gänseklein gegessen, wenn ich nur am 24. Dezember abends nicht allein gewesen wäre! Die Hälfte der Geschenke hätten sie haben können, und es waren wahrhaftig herrliche Geschenke!

Und warum wollte ich gerade an diesem Abend, am schönsten Abend eines Kinderjahres, nicht allein und nicht das einzige Kind sein? Ich hatte Angst. Ich fürchtete mich vor der Bescherung! Ich hatte Furcht davor und durfte sie nicht zeigen. Es ist kein Wunder, daß ihr das nicht gleich versteht. Ich habe mir lange überlegt, ob ich darüber sprechen solle oder nicht. Ich will darüber sprechen! Also muß ich es euch erklären.

Meine Eltern waren, aus Liebe zu mir, aufeinander eifersüchtig. Sie suchten es zu verbergen, und oft gelang es ihnen. Doch am schönsten Tag im Jahr gelang es ihnen nicht. Sie nahmen sich sonst, meinetwegen, so gut zusammen, wie sie konnten, doch am Heiligabend konnten sie es nicht sehr gut. Es ging über ihre Kraft. Ich wußte das alles und mußte, uns dreien zuliebe, so tun, als wisse ich's nicht.

Wochenlang, halbe Nächte hindurch, hatte mein Vater im Keller gesessen und, zum Beispiel, einen wundervollen Pferdestall gebaut. Er hatte geschnitzt und genagelt, geleimt und gemalt, Schriften gepinselt, winziges Zaumzeug zugeschnitten und genäht, die Pferdemähnen mit Bändern durchflochten, die Raufen mit Heu gefüllt, und immer noch war ihm, beim Blaken der Petroleumlampe, etwas eingefallen, noch ein Scharnier, noch ein Beschlag, noch ein Haken, noch ein Stallbesen, noch eine Haferkiste, bis er endlich zufrieden schmunzelte und wußte: ‚Das macht mir keiner nach!'

Ein andermal baute er einen Rollwagen mit Bierfässern, Klappleitern, Rädern mit Naben und Eisenbändern, ein solides Fahrzeug mit Radachsen und auswechselbaren

Deichseln, je nachdem, ob ich zwei Pferde oder nur eins einspannen wollte, mit Lederkissen fürs Abladen der Fässer, mit Peitschen und Bremsen am Kutschbock, und auch dieses Spielzeug war ein fehlerloses Meisterstück und Kunstwerk!

Es waren Geschenke, bei deren Anblick sogar Prinzen die Hände überm Kopf zusammengeschlagen hätten, aber Prinzen hätte mein Vater sie nicht geschenkt.

Wochenlang, halbe Tage hindurch, hatte meine Mutter die Stadt durchstreift und die Geschäfte durchwühlt. Sie kaufte jedes Jahr Geschenke, bis sich deren Versteck, die Kommode, krummbog. Sie kaufte Rollschuhe, Ankersteinbaukästen, Buntstifte, Farbtuben, Malbücher, Hanteln und Keulen für den Turnverein, einen Faustball für den Hof, Schlittschuhe, musikalische Wunderkreisel, Wanderstiefel, einen Norwegerschlitten, ein Kästchen mit Präzisionszirkeln auf blauem Samt, einen Kaufmannsladen, einen Zauberkasten, Kaleidoskope, Zinnsoldaten, eine kleine Druckerei mit Setzbuchstaben und, von Paul Schurig und den Empfehlungen des Sächsischen Lehrervereins angeleitet, viele, viele gute Kinderbücher. Von Taschentüchern, Strümpfen, Turnhosen, Rodelmützen, Wollhandschuhen, Sweatern, Matrosenblusen, Badehosen, Hemden und ähnlich nützlichen Dingen ganz zu schweigen.

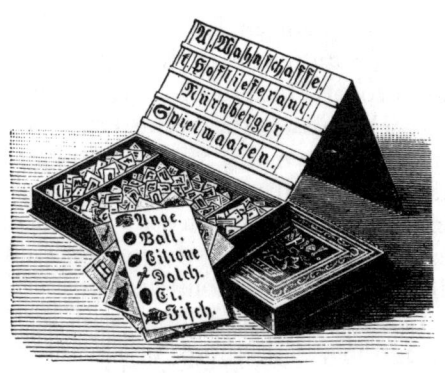

Es war ein Konkurrenzkampf aus Liebe zu mir, und es war ein verbissener Kampf. Es war ein Drama mit drei Personen, und der letzte Akt fand, alljährlich, am Heiligabend statt. Die Hauptrolle spielte ein kleiner Junge. Von seinem Talent aus dem Stegreif hing es ab, ob das Stück eine Komödie oder ein Trauerspiel wurde. Noch heute klopft mir, wenn ich daran denke, das Herz bis in den Hals.

Ich saß in der Küche und wartete, daß man mich in die Gute Stube riefe, unter den schimmernden Christbaum, zur Bescherung. Meine Geschenke hatte ich parat: für den Papa ein Kistchen mit zehn oder gar fünfundzwanzig Zigarren, für die Mama einen Schal, ein selbstgemaltes Aquarell oder – als ich einmal nur noch fünfundsechzig Pfennige besaß – in einem Karton aus Kühnes Schnittwarengeschäft, hübsch verpackt, die sieben Sachen. Die sieben Sachen? Ein Röllchen weißer und ein Röllchen schwarzer Seide, ein Heft Stecknadeln und ein Heft Nähnadeln, eine Rolle weißen Zwirn, eine Rolle schwarzen Zwirn und ein Dutzend mittelgroßer schwarzer Druckknöpfe, siebenerlei Sachen für fünfundsechzig Pfennige. Das war, fand ich, eine Rekordleistung! Und ich wäre stolz darauf gewesen, wenn ich mich nicht so gefürchtet hätte.

Ich stand also am Küchenfenster und blickte in die Fenster gegenüber. Hier und dort zündete man schon die Kerzen an. Der Schnee auf der Straße glänzte im Laternenlicht.

Weihnachtslieder erklangen. Im Ofen prasselte das Feuer, aber ich fror. Es duftete nach Rosinenstollen, Vanillezucker und Zitronat. Doch mir war elend zumute. Gleich würde ich lächeln müssen, statt weinen zu dürfen.

Und dann hörte ich meine Mutter rufen: „Jetzt kannst du kommen!" Ich ergriff die hübsch eingewickelten Geschenke für die beiden und trat in den Flur. Die Zimmertür stand offen. Der Christbaum strahlte. Vater und Mutter hatten sich links und rechts vom Tisch postiert, jeder neben seine Gaben, als sei das Zimmer samt dem Fest halbiert. „O", sagte ich, „wie schön!" und meinte beide Hälften. Ich hielt mich noch in der Nähe der Tür, so daß mein Versuch, glücklich zu lächeln, unmißverständlich beiden galt. Der Papa, mit der erloschenen Zigarre im Munde, beschmunzelte den firnisblanken Pferdestall. Die Mama blickte triumphierend auf das Gabengebirge zu ihrer Rechten. Wir lächelten zu dritt und überlächelten unsre dreifache Unruhe. Doch ich konnte nicht an der Tür stehenbleiben.

Zögernd ging ich auf den herrlichen Tisch zu, auf den halbierten Tisch, und mit jedem Schritt wuchsen meine Verantwortung, meine Angst und der Wille, die nächste Viertelstunde zu retten. Ach, wenn ich allein gewesen wäre, allein mit den Geschenken und dem himmlischen Gefühl, doppelt und aus zweifacher Liebe beschenkt zu werden! Wie selig wär ich gewesen, und was für ein glückliches Kind! Doch ich mußte meine Rolle spielen, damit das Weihnachtsstück gut ausgehe. Ich war ein Diplomat, erwachsener als meine Eltern, und hatte dafür Sorge zu tragen, daß unsre feierliche Dreierkonferenz unterm Christbaum ohne Mißklang verlief. Ich war, schon mit fünf und sechs Jahren und später erst recht, der Zeremonienmeister des Heiligen Abends und entledigte mich der schweren Aufgabe mit großem Geschick. Und mit zitterndem Herzen.

Ich stand am Tisch und freute mich im Pendelverkehr. Ich freute mich rechts, zur Freude meiner Mutter. Ich freute mich an der linken Tischhälfte über den Pferdestall im

allgemeinen. Dann freute ich mich wieder rechts, diesmal
über den Rodelschlitten, und dann wieder links, besonders
über das Lederzeug. Und noch einmal rechts, und noch
einmal links, und nirgends zu lange, und nirgends zu flüch-
tig. Ich freute mich ehrlich und mußte meine Freude zerle-
gen und zerlügen. Ich gab beiden je einen Kuß auf die
Backe. Meiner Mutter zuerst. Ich verteilte meine Geschenke und begann mit den Zigarren. So konnte ich, während
der Papa das Kistchen mit seinem Taschenmesser öffnete
und die Zigarren beschnupperte, bei ihr ein wenig länger
stehenbleiben als bei ihm. Sie bewunderte ihr Geschenk,
und ich drückte sie heimlich an mich, so heimlich, als sei es
eine Sünde. Hatte er es trotzdem bemerkt? Machte es ihn
traurig?

Nebenan, bei Grüttners, sangen sie „O du fröhliche, o
du selige gnadenbringende Weihnachtszeit!" Mein Vater
holte ein Portemonnaie aus der Tasche, das er im Keller zugeschnitten und genäht hatte, hielt es meiner Mutter hin
und sagte: „Das hätt ich ja beinahe vergessen!" Sie zeigte
auf ihre Tischhälfte, wo für ihn Socken, warme lange Un-
terhosen und ein Schlips lagen. Manchmal fiel ihnen, erst
wenn wir bei Würstchen und Kartoffelsalat saßen, ein, daß
sie vergessen hatten, einander ihre Geschenke zu geben.

Und meine Mutter meinte: „Das hat ja Zeit bis nach dem Essen."

Anschließend gingen wir zu Onkel Franz. Es gab Kaffee und Stollen. Dora zeigte mir ihre Geschenke. Tante Lina klagte ein bißchen über ihre Aderbeine. Der Onkel griff nach einer Havannakiste, hielt sie meinem Vater unter die Nase und sagte: „Da, Emil! Nun rauch mal 'ne anständige Zigarre!" Der Papa erklärte, leicht gekränkt: „Ich hab selber welche!" Onkel Franz meinte ärgerlich: „Nun nimm schon eine! So was kriegst du nicht alle Tage!" Und mein Vater sagte: „Ich bin so frei."

Frieda, die Wirtschafterin und treue Seele, schleppte Stollen, Pfefferkuchen, Rheinwein oder, wenn der Winter kalt geraten war, dampfenden Punsch herbei und setzte sich mit an den Tisch. Dora und ich versuchten uns auf dem Klavier an Weihnachtsliedern, der „Petersburger Schlittenfahrt" und dem „Schlittschuhwalzer". Und Onkel Franz begann meine Mutter zu hänseln, indem er aus der Kaninchenhändlerzeit erzählte. Er machte uns vor, wie die Schwester damals ihre Brüder verklatscht hätte. Meine Mutter wehrte sich so gut sie konnte. Aber gegen Onkel Franz und seine Stimme war kein Kraut gewachsen. „Eine alte Klatschbase warst du!" rief er laut, und zu meinem Vater sagte er übermütig:

„Emil, deine Frau war schon als Kind zu fein für uns!" Mein Vater blinzelte stillvergnügt über den Brillenrand, trank einen Schluck Wein, wischte sich den Schnurrbart und genoß es von ganzem Herzen, daß meine Mutter endlich einmal nicht das letzte Wort haben sollte. Das war für ihn das schönste Weihnachtsgeschenk! Sie hatte vom Weintrinken rote Bäckchen bekommen. „Ihr wart ganz gemeine, niederträchtige und faule Lausejungen!" rief sie giftig. Onkel Franz freute sich, daß sie sich ärgerte. „Na und, Frau Gräfin?" gab er zur Antwort. „Aus uns ist trotzdem was geworden!" Und er lachte, daß die Christbaumkugeln schepperten.

Erich Kästner

Erlebnis mit einer Fischgräte

Über der ersten Weihnachtsfeier meiner Kinderzeit, die mir in Erinnerung geblieben ist, liegt in jeder Hinsicht ein goldner Schimmer. Nicht nur, daß in der guten Stube auf dem viereckigen Tisch ein Christbäumchen mit zwölf Kerzen prangte, dessen Zweige mit Zuckerzeug, Pfefferkuchenfiguren, Äpfeln und vergoldeten Nüssen behängt waren, sondern daß ich an der Nußvergoldung persönlich mit beteiligt gewesen war, das war für mich das Ausschlaggebende. Hatte doch die Mutter als ehemalige Kindergärtnerin den Gedanken von der Selbstbetätigung der Jugend auf ihren kleinen Sohn mit anwenden zu müssen geglaubt. Mit glühender Stirn und heißen Bäckchen, die Zunge zwischen die Zähne geklemmt, war ich stundenlang bestrebt gewesen, die krustigen Schalen mit einer hauchdünnen, äußerst empfindlichen Schicht Goldpapier zu überziehen; das war keine ganz leichte Arbeit, und ich begriff wohl, daß man so was oder gar das Anputzen des ganzen Christbaums dem vielbeschäftigten Herrn Vater nicht hatte zumuten dürfen.

Nachdem am Heiligen Abend der störrische Ofen der guten Stube so weit überlistet worden war, daß ein Bruchteil von Erwärmung möglich wurde, konnte die Bescherung vor sich gehen. Vater hatte unseren erzgebirgischen Räuchermännlein brennende Räucherkerzchen in den Bauch gestellt, damit sie das Zimmer mit Wohlgeruch füllen sollten, Mutter hatte die Kerzen am Christbaum angezündet. Ich wurde hineingerufen.

Was von den Geschenken, die meiner warteten, den meisten Eindruck auf mich machte, war ein ansehnliches Schaukelpferd. Das Christkind hatte sich selbst übertroffen, es hatte es nicht bei einem Steckenpferd bewenden lassen. Nicht ein Schaukelpferd der neuesten Mode, das ein wirkliches Roß so genau wie möglich darzustellen versuchte, womöglich mit echtem Fell und Steigbügeln, sondern eins der alten Art, das sich auf zwei zuverlässigen bemalten Kufen bewegte und an den Seiten Holzklötzchen

als Bügel aufwies. Mit einem Jubelton schwang ich mich in den Sattel. Am liebsten hätte ich den ganzen Abend als Reiter verbracht.

Das wurde verhindert durch das festliche Abendessen, bei dem der traditionelle Weihnachtskarpfen verspeist werden sollte. Mutter hatte, um ihn auf polnische Weise herzurichten, ganze Stunden in der Küche verbracht. Nun war es herzerhebend anzusehen, wie sie ihrem kleinen Sohn mundgerechte Stückchen vorlegte. Vater ließ es sich mit voller Hingabe schmecken.

Mit einem Schlag entstand vor der Tür unheimliches Gepolter. Die Tür sprang auf und herein stolperte eine Gestalt, die mit Pelz und Bart als heiliger Nikolaus angesprochen sein wollte. Sie nahm in keiner Weise davon Notiz, daß sie die Eltern mitten im festlichen Mahle störte, sie hatte es offensichtlich allein auf mich abgesehn. Sie brüllte mit grober Stimme:

„Hat der Bursch seinen Eltern das Jahr über gefolgt? Wird er nun brav sein Sprüchel aufsagen?"

Da ich aus meinen Bilderbüchern und von anderen Gelegenheiten her das Äußere von Nikolaus und Knecht Ruprecht längst kannte und mich in der groben Stimme meines Bedrängers das rollende R an den Provisor der Reichsadler-Apotheke, der im Nachbarhaus wohnte – er stammte aus dem oberen Vogtland –, merkwürdig stark erinnerte, tat ich ihm Bescheid. Der Überfall aber hatte mich derart erschreckt, daß mir eine von Mutters Fürsorge übersehene Gräte im Hals steckengeblieben war. Nur unter Schmerzen und mit Tränen in den Augen vermochte ich, das eingelernte Sprüchlein herzuleiern. Das war wohl der Grund, daß der Polterer, nachdem er mich immerhin ein wenig gelobt hatte, Hals über Kopf wieder verschwand.

Die Eltern, die meine Tränen auf das Konto kindlicher Ängstlichkeit gesetzt haben mochten, versuchten, ihre Mahlzeit weiterzuführen. Aber der Kleine, der zwischen ihnen saß, weinte und weinte. Mit Mühe wurde ihm endlich die Ursache seiner Tränen entlockt.

„Großer Gott! Eine Karpfengräte im Hals! Er wird doch nicht ersticken!" Die Mutter war außer sich. Aber auch der Vater hatte längst zu essen aufgehört.

Den Schwall von Trostworten, der alsbald über mich hereinbrach, höre ich heute noch. Die Versuche, den Fremdkörper aus meiner Kehle zu entfernen, sind mir heute noch unangenehm. Schließlich fiel dem Vater ein Ausweg ein, mich auf andere Gedanken zu bringen. Er packte mich mit freundlichen Worten, trug mich in die Christbaumstube, wo inzwischen die Kerzen fast niedergebrannt waren, setzte mich aufs bunte Holzpferd und begann mich zu schaukeln. Aber auch dieses Verfahren wollte im Augenblick nicht anschlagen. In meiner Kehle kratzte und stichelte es nach wie vor. Ich vermochte bei allem guten Willen nicht, das Gefühl des Übels im Halse auszuschalten. Die Tränen liefen mir in einem fort über die Wangen, so lieb mir Mutter auch mit ihrer weichen Hand über die Haare strich und Vater als Roßantreiber sich bemühte.

Schließlich tat er des Guten zu viel, das Schaukelpferd stürzte vornüber und ich mit ihm.

Neues Lamento! Auf beiden Seiten! Vater entlud sich seines Schrecks in mehreren Sprachen. Mutter kniete sich neben mich und untersuchte meine Stirn, an der sich ein neues Unbehagen zugleich mit einer Beule zu entwickeln begann. Jedoch in der Kehle tat mir nicht das geringste mehr weh: Die Gräte war heraus!

Da das Wohlbefinden darüber alles andre übertraf und die Beule sich als harmlos erwies, konnte der Strom der Tränen versiegen.

Vater, der – so oder so – sich als Mitschuldiger aber auch als glücklicher Mithelfer empfinden mochte, zeigte sich derart überwältigt, daß er sich ebenfalls in die Stube warf und auf Händen und Knien an mich heranritt. Er veranlaßte die Mutter, mich ihm auf den Rücken zu setzen und dafür zu sorgen, daß ich mich an seinem Rockkragen mit beiden Händen festhielt. Alsbald begann er unter Brummen und Grunzen, mit mir in der Stube herumzugaloppieren, was er noch nie getan hatte und was ihm bei seiner Starkleibigkeit nicht ohne weiteres leichtfallen mochte.

Mir verursachte auch die Stirnbeule kein Unbehagen mehr. Das Schaukelpferd, das dumm glotzend, als wäre nichts geschehen, wieder still auf seinen Kufen stand, wurde mit verächtlichen Seitenblicken gemustert, zumal Vater mit mir auf die Mutter zusprengend, allerdings etwas kurzatmig, zu singen begann:

> „Wir kommen geritten
> zu Mutter Agathe,
> wir wollen sie bitten
> um ein Stück Schokolade.“

Solche Verschen im Handumdrehen zu machen, verstand nur der Vater. Ich lachte hellauf. Mutter Agathe schüttelte wohl den Kopf, aber sie lächelte. Sie half uns auf die Füße. Vater rieb sich die Knie und schnaufte fürchterlich. „Reitpferd und zugleich Lastpferd“, brachte Vater hervor, sich die Stirn wischend mit seinem bunten Taschentuch, „das ist, wie mir scheint, schlimmer als eine verschluckte Gräte!“ Als Mutter sich, nachdem die Kerzen am Christbaum erneuert und zum zweiten Mal angezündet worden waren, ans Klavier setzte und wir anhoben, gemeinsam unsre alten Weihnachtslieder zu singen, so gut das bei mir ging, war der unvergleichliche goldne Schimmer wieder da.

Kurt Arnold Findeisen

Vom königlichen Kindlein

Da liegt es, das Stollenwickelkind, von Butter betaut, mit Zucker bestreut, weiß, wie frischgefallener Schnee, schwer von Rosinen, Zitronat und Mandeln, umschwebt vom feinen Duft der Vanille, liegt auf einem erzgebirgischen Stollenbrett, das geschickte Hände mit Tannengrün und Zapfen bemalten.

Noch spröde und allzu frischbacken, muß es in kühler Kammer noch einige Tage zuwarten, ehe es so weit ist, mit uns das Fest zu teilen, den Familien- und Freundeskreis im Schmause fröhlich miteinander zu verbinden. Es wurde auch heuer wieder gespart und das Beste zusammengetragen, es wurde gebangt um das endliche Gelingen des Backens, es wurden alle Kräfte angespannt für das Kneten und Walken des zähen, schweren Teiges. Die gute Wärme der Backstube, die pralle Hitze des Backofens, viele andere große und kleine Gunstbeweise eines freundlichen Geschicks mußten sich vereinen, ehe das Gebäck wohlgelungen ins Haus getragen werden konnte.

Darum wird auch in diesem Jahre wieder gesprochen vom Stollenbacken und seinen Mißgeschicken und Abenteuern, von mageren und fetten Jahren, vom Flüsterstollen, in dem die Rosinen nahe beieinander hocken und vom Schreistollen, in dem sie durch weite Strecken voneinander getrennt sind. Schmausend wird endlich das alte Familien-Kochbuch noch einmal durchblättert, ehe es für ein Jahr wieder verschlossen wird, mit jenem Spezialrezept, das jede Hausfrau für das unübertrefflich beste hält. Es wird geplaudert vom Stollen und seiner Beziehung zu Eltern und Kindern, zu Freunden und Gesinde, vom Stollen und dem Königshause, dem Papsttum, vom Stollen in der hohen Politik und seinem Empfang in heißen Zonen: Doch was soll das heißen? Sind wir denn, ehe noch das erste Krümel verzehrt wurde, ins Träumen geraten, ist das Gläschen heißen Weihnachtspunsches daran schuld? Was hat denn der Stollen in der Geschichte und gar in der hohen Politik zu suchen? Er ist ein Kuchen und gehört als solcher in den Bäckerladen oder an den häuslichen Tisch! Doch … wer spricht hier von Kuchen? Der Stollen, wenngleich er wie der beste Kuchen mundet, verwahrt sich gegen diesen Namen. Nirgends in der Geschichte wird er mit diesem süßen, weichen Namen genannt. Wohl wird vom Zeithainer Riesenkuchen erzählt, den dazumal Kadetten mit dem Schlachtschwert zerteilen mußten. Allein der Stollen tritt von seiner Geburtsstunde an als ein Sonderling auf, erscheint in der Lausitz als Striezel, in der Mark als „die" Stolle, im Erzgebirge als Stopfgebäck, in der exakten wissenschaftlichen Forschung aber als eine Abart der weihnachtlichen Gebildbrote.

Dieses Wort führt ihn mitten hinein in die Symbolik des täglichen Gebäcks. Wie der runde Pfannkuchen, die verschlungene Bretzel, gedankenlos hingenommen und verspeist, empfing auch er seine Form von der Heiligen Geschichte. Da ist der Schwamm, mit dem der Heiland am Kreuze getränkt wurde, da sind die verschlungenen Fesseln, die er getragen. Der Stollen aber ist nichts anderes als das in weiße Windeln gewickelte Christkind. Doch in die Symbolik der Heiligen Geschichte sind unlösbar die Deutungen einer frühen Vorzeit mit hineinverwirkt. Sie alle münden in dem großen Daseinsgefühl: das Leben zu heiligen, es von Geschlecht zu Geschlecht weiterzugeben und dem Stamme das Kind, viele Kinder zu wünschen, damit

ein reiches, blühendes Familienleben entstehe. Das Kind als des Daseins Krönung, als die Verheißung für kommende Zeiten, die Gewähr für den Fortbestand der Sippe. Alle wunderlichen alten Sitten und Bräuche haben offen oder verhüllt diesen einen Sinn: Für Baum und Strauch, Acker und Vieh und endlich auch für das wohlbestellte Haus die Fruchtbarkeit zu erbitten! Das längliche Gebild ist darum das Kind, so wie es alte Zeiten zu sehen liebten. Nicht den Strampelmatz unserer Tage, sondern die rundliche Walze, eng umschnürt vom festen Windelbande, das ihm eine gute, aufrechte Gestalt geben soll. Hilflos und regungslos, im Innern aber voller Lebenskraft und Stärke.

Wo soll des Kindes Wiege im Wandel der Zeiten gestanden haben? Gewiß, er war gut aufgehoben in der warmen, dunstigen Bäckerstube der mittelalterlichen, zünftigen Stadt. Doch wie war es, ehe sich Handel und Wandel in der Geborgenheit der Stadtmauern entfaltete, ehe die goldene Bretzel im Schilde die Käufer herbeilockte? Wo wurde das Stollenkindlein gewickelt, wo gewalkt, betaut, bezuckert und bestreut?

Es ist wohl anzunehmen, in der ruhigen, beschirmten Zufluchtsstätte aller Kultur, im Bereich des Klosters, der Heimat unserer Weihnachtsgebildbrote. Dort hub um die Weihnachtszeit ein Rühren und Kneten, Mörsern und Mehlstieben an. Mönche verstanden sich auf die Kunst, den gepfefferten Lebkuchen zu backen. Sollte da nicht auch das verzuckerte Christkind unter ihrer Obhut gut aufgehoben gewesen sein?

Denn, als anno 1329 zu Naumburg zum ersten Male vom Stollen die Rede ist, geschieht es in enger Anlehnung an das christliche Jahr, nämlich an die Vigilien Christi. Zu dieser Zeit wurden die Naumburger Bäcker gehalten, dem Bischof Heinrich „zween lange Weizenstollen, wozu ein halber Scheffel Weizenmehl verwandt werde, ihm und seinem Hofe zu entrichten". Die Zinspflicht der Weiß- und Platzbäcker behielt gar lange Gültigkeit, fast bis in unsere Tage hinein. Brachte doch alljährlich die Dresdner Bäckerinnung einer alten Gerechtsame zufolge, unter Führung des Innungsobermeisters am zweiten Weihnachtsfeiertage dem königlichen Landesherrn zwei Stollen, 36 Pfund schwer, ein und einen halben Meter lang, von acht Meistern und acht Gesellen getragen.

Aus dem schmackhaften Gebäck ist gar manchem eine feste Steuerschraube gedreht worden. Man buk nicht ungestraft, oder wenigstens nicht unversteuert seinen Stollen. Planwagen mit Stollen fuhren um die Weihnachtszeit vor dem Bischofssitze, vor der kurfürstlichen Burg vor, um das vorgeschriebene Tribut abzuliefern. Wer einmal Stollen backen konnte, der mochte auch sein Scherflein in die kirchliche Opferschale werfen! Ein Dekret des Papstes aus dem Jahre 1491 bekundet es:

„Beim Stollenbacken sei der zwanzigste Teil eines Goldgüldens zum Freiberger Dombau jährlich zu entrichten."

Eine reiche Zeit, in der wacker geschmaust und willig gezinst wurde, türmte ihre stolzen Gebete in Stein, in deren Schatten noch spätere Geschlechter beklommen und andächtig wandelten. Mit diesem Dekret ist der Stollen zum ersten Male in die hohe Politik eingezogen. War das zu verwundern? Hausfrauen und Bäcker, Ratsherren und Dorfschulzen wußten dazumal recht gut, daß es mit dem Stollen etwas anderes auf sich hatte als mit seinen harmlosen Gefährten, dem Freiberger Bauernhasen, der Leipziger Lerche, der Meißner Fummel oder gar der billigen Mundsemmel des täglichen Tisches. Diese alle bestritten ihr Dasein bescheidentlich von Mehl, abgerahmter Milch und ein wenig Schmalz. Der Stollen aber erheischte teure Zutaten, wenn er seinem Namen Ehre machen wollte. Die Hausfrauen und Bäcker wußten dazumal so gut wie heute, daß er seine Tracht gesiebtes Mehl, fette Butter und mancherlei Gewürze verlangte. Es war nun einmal das königliche Kindlein unter den Backwerken einfacher, bürgerlicher Herkunft und ließ sich mit armen, dürftigen Zutaten nicht abspeisen. Das verwickelte ihn aber in politische Händel, ja, er wurde sogar zur Ursache eines kurfürstlichen und päpstlichen Notenwechsels. Der Backzeit ging dazumal das große Adventsfasten voran, das die Butter verbot und

Das Habermuß

nur das Öl gestattete. Den Backstuben entstiegen zu jener
Zeit wenig liebliche Düfte, mußte doch der Teig mit Öl geknetet werden. Hausväter, kurfürstliche Herren und Kir-
chenfürsten hoben darob die Zähne, und eine Stollenmahl-
zeit endete zumeist mit dem in alten Arzneibüchern so oft
angeführten „Bauchgrimmen". Der Kurfürst Ernst und
sein Bruder Albrecht fanden den Fall gewichtig genug,
dem Heiligen Vater diesen Übelstand in beweglichen Worten darzustellen und ihm alle Fährnisse Leibes und der Seele vor Augen zu rücken. Sie empfahlen seiner Gewogen-
heit, die Butter für den Stollen während der Fasten freizu-

geben. Es ist nur das Antwortschreiben des Papstes überliefert worden, das also lautete:

„Sintemalen nun, daß euretwegen für uns vorgegeben,
daß in euren Herrschaften und Landen keine Oelbäume
wachsen und daß man des Oehles nicht genug sondern viel
zu wenig und nur stinkend habe, daß man dann teuer kaufen muß oder solches Oehl allda habe, das man aus Rübsen-
oehl macht das der Menschen Natur zuwider und unge-
sund, durch dessen Gebrauch die Einwohner der Lande in
mancherlei Krankheit fallen. Als sind wir in den Dingen zu
eurer Bitte geneigt und bewilligen in päpstlicher Gestalt, in-
kraft dieses Briefes, daß ihr, eure Weiber, Söhne und Töchter und alle euren wahren Diener und Hausgesind der Butter anstatt des Oehles ohne einige Pön frei und ziemlich gebrauchen möget."

Welch fröhliches Backen mag nach solchem Freibriefe
begonnen haben! Vor allem in den reichen, bäuerlichen
Landstrichen, in der Lausitz, in der Lommatzscher Pflege.
Das Erzgebirge, mit seinem kargen Boden, mußte sich in
den Dingen der Nahrung und des Wohllebens bescheiden,
wenn man den Berichten des Pastors Thomas Winzer zu
Wolkenstein Glauben schenken will. Er erzählt von einem
gar trockenen Stopfgebäck in Wickelkindform und fährt
weiter fort in der Beschreibung der Christbescherungen:

„Weihnachtsmasken, so allerley Mummenschanz treiben, führen unter dem Gesind ihren Schabernack auf und
verteilen dabei Stollen, jenes trockene Gebäck, mit ein paar
einsamen Rosinen darin, freundlichen Oasen gleich." Er
schildert als eine eigenartige Begebenheit, wie eine hoch-
ehrbarliche Bauernfrau Kindern und Gesind den Stollen
unter grünen Tannenbäumchen aufbaute: „Je kleiner, je
größer, ganz nach Verdienst und Würdigkeit."

Noch war die Zeit sehr fern, in der der Stollen als schönste der Weihnachtsgaben unter der duftenden, lichtergeschmückten Tanne ruhte, die erst 1646 zu Straßburg, und
ohne Lichterschmuck, auftauchte. Dazumal trug ein jeder
seine Gaben und auch seine Stollen in der „Christbürde"
mit fort, die wohl der „Kirmeshucke" nicht unähnlich ge-

wesen sein mag. Um 1700 wettert der Pfarrer Adami zu Dippoldiswalde gegen den Unfug der Christbürden, „in die das Gesinde sein Linnen, das Seyfengeld und die Stollen einknüpfte: Insonderheit im Meißner Creyße wollte jedermann Christbürden haben, die so groß und so schwer waren, daß ein starker Knecht sie nicht aufzuheben vermochte, daher das Gesind sich nur verdingen wollte, wenn es eine Christbürde mit Stollen von mehr als einem Jahrlohn davontrug."

Jene schriftgelahrten Pfarrherrn, die sich in der Stille der Studierstube zumeist des Lateinischen bedienten, sind es immer wieder gewesen, die von Sitten und Gebräuchen etwas festgehalten und überliefert haben. Hin und wieder nahm auch ein kurfürstlicher Herr den Federkiel zur Hand und legte seine Beobachtungen schriftlich nieder oder eine fürstliche Frau übte sich im Schreiben. Doch siehe da, unter die trockenen Urkunden und Verfügungen, Denkschriften und Aufzeichnungen hat sich etwas Wunderliches gestohlen. Es ist ein wahrhaftiger, ehelicher Liebesbrief, geschrieben vom Kurfürsten Moritz um 1500 nach einem Feldzuge. Er sehnt sich nach Hause, nach den prasselnden Buchenkloben, nach fraulicher Fürsorge und, da das Christfest nicht mehr fern ist, … auch nach dem Stollen:

„Ich will diesen Winter bei Dir verbleiben, wir wolln miteinander birn braten, stolln essen und mit Gottes Hülffe ein gutes Müthlein haben." Kriegs- und fehdemüde zog der Kurfürst heim, und unterdes wurde im Backhause der Ofen aus gebrannten Ziegeln geheizt, wurde von kräftigen Burschen der Teig gewalkt, sicherlich nicht mit knappen Zutaten, wurde endlich auf langer Schaufel ein braungebackenes Stollenkindlein nach dem andern aus der Hitze gezogen. Die Erschließung des Orients hatte schon seit langem Sukkade und Spezereien für die deutsche Küche gebracht, der Zucker begann sich neben dem Honig als alleinigen Süßstoff zu behaupten. Jedoch: es sei die Frage erlaubt, wie denn der Tisch beschaffen war, an dem der deutsche Hausvater seinen Stollen verzehrte? Nun, es war ein

eckiger Tisch aus schwerer Eiche, vielleicht mit Beiderwand, vielleicht auch nur nach Bürgersitte mit einem Stück Leder bedeckt. Darauf die Teller aus Holz, Ton oder Zinn. Wenn die Hausfrau mit Linnen aufdeckte, so tat sie es, wie es in alter Chronik heißt, wohl wissend, daß es dazu diente, „daran sich Mund und Hand zu wischen".

Der Stollen wurde für einen großen Familienkreis mit vielen Kindern, Muhmen, Basen, Oheim und Urahnen aufgeschnitten und ein jeder erhielt sein Teil. Am Weihnachtsabend spendete der Hausvater ein paar Kannen Wurzener Bieres oder auch einen Schluck Branntwein, „so man aqua vitae nannte", vielleicht wurde auch ein heißer Tee aus Gundermann, Ehrenpreis und Teufelsbiß aufgegossen …

Denn … gar lange währte es noch, ehe sich der Duft des Stollens mit dem kräftigen Aroma des Kaffees mischte, ehe es dem Sachsen vergönnt war, seinen Christstollen in den heißen Kaffee zu „ditschen". Die unzertrennliche Gefährtin sächsischen Stollens, die „indianische Kaffeebohne", kam erst um 1650 nach Deutschland. Das Jahr 1670 brachte Dresden die erste „Coffeestube" und Leipzig folgte zwanzige Jahre später. Auch der andere, feine, duftende Gefährte der Vesperstunde, der indische oder chinesische Tee wurde zum ersten Male 1660 in England als „duftender Absud" erwähnt.

Vorerst entbrannte einmal, und zwar anno 1615, also drei Jahre, ehe die Schrecken des Dreißigjährigen Krieges das Land ausbluteten, der Meißner-Siebenlehner erbitterte Weiß- und Platzbäckerstreit. Das Siebenlehner Gebäck war weithin rühmlichst bekannt. Die Siebenlehner Stollenfrau mit ihrer Kiepe auf dem Rücken, der Siebenlehner Botenfuhrmann mit den länglichen Kisten poschten an manche Tür. Das mißfiel den Meißner Bäckern, die von den Hausfrauen keine Aufträge bekamen, indes die Siebenlehner das Gold nur so schaufelten. Sie versuchten am Stadttore den Siebenlehnern den Stollen abzusperren. Wir wissen nicht, mit welchem Erfolge. Wenig später fegten nämlich die drei verderbenbringenden Reiter mit der Brandfackel über die Lande. Doch die Siebenlehner Bäcker scheinen trotz aller Heimsuchungen ihren Mut, ihre Backluft und ihre trefflichen Rezepte nicht verloren zu haben. Bereits anno 1663 nämlich beschwerten sich die Dresdener Platzbäcker wieder beim Kurfürsten, „daß die Bäcker zu Siebenlehn zur Weihnachtszeit gar große Fuder Backwerks nach Dresden brächten ..." Der Stollen, der Striezel oder Strützel ging eben in guten wie in bösen Jahren aus den sächsischen Backstuben hervor, immer wieder von sorglichen Hausmüttern gebuttert und gezuckert, am Christabend der Familie gespendet oder den Angehörigen, die auf der Wanderschaft in der Fremde weilten, zur Universität gezogen waren, als bestes Angebinde von dem Botenfuhrmann nachgeschickt.

Solch leckeren Weihnachtsstriezel erhielt auch der junge Gotthold Ephraim Lessing, als er zu Leipzig dem theologischen Studium oblag. Was aber die gute Mutter zu Kamenz nicht wissen konnte, war, daß der Sohn inzwischen in recht lustige Gesellschaft geraten war und bei den Schauspielern der Neuberischen Truppe bereits den Din-

gen zutappte, die später sein kritisches Denken erfüllen
sollten. Doch mag sich diese muntere Weihnachtsfeier des
jungen Lessing bis Kamenz herumgesprochen haben. Tatsache ist, daß der gestrenge Herr Vater in hellen Zorn geriet
und den Sohn mittellos bei harter Winterkälte nach Kamenz rief, „damit er sich verantwortete, daß er die von der
Mutter geschickten Strützel mit den gottlosen Komödian-
ten der Neuberischen Bande verzehrt habe".

*

Der Sachse ist zu allen Zeiten guten und schmackhaften
Dingen zugetan gewesen und wünschte des Jahres Feier-
zeit, die Weihnacht, mit allem Zauber und Glanz von Flit-
tergolde, Silberputz und bunten Kerzen zu begehen, um
sich auf dem Weihnachtsmarkte, dem Striezelmarkt, seinen eigenen Weihnachtshimmel zu schaffen. Mit welchem
Gewisper und Getriebe der Alt-Dresdner seinen Striezelmarkt erlebte, das bekundet Wilhelm von Kügelgen in der
Beschreibung seiner Kindheit, die in die Jahre der Frei-
heitskriege fiel. [...]
Wir sind mitten drin in der Stimmung. Alt-Dresdner-
Weihnacht, sehen die kleinen, frierenden Näschen ihre
Pflaumentoffel feilhalten und dabei unruhig von einem
Fuß zum andern trippeln, atmen den Duft des Bienenwachses aus kunstvollen Pyramiden, vermischt mit dem
des Stollens, der zu jener Zeit schon die eigentümliche
Würze der Bittermandel, der Vanille hatte. Stolze Segler,
die fremde Küsten anliefen, brachten im beginnenden 19.
Jahrhundert den Speichern und Vorratskammern die feinen Gewürze. So daß in Bürgerhaus und Backstube das
Klirren des Mörsers erklang, der die duftende Vanillescho-
te mit gutem Rohrzucker zerklopfte. Der Stollen stand inmitten einer fröhlichen, fleißigen Welt, über die aus uner-
schöpflichem Füllhorn buntes Spielzeug, das märchen-
bunte Entzücken der Kleinen, ausgeschüttet war. Der Stollen war das königliche Kindlein im fleißigen Sachsenlande,
das das ganze Jahr hindurch auf die Weihnacht sich nicht

nur zufreute, sondern zuarbeitete, damit die Menge der Schau- und Kauflustigen in den großen Markttagen auf ihre Kosten kamen. Das Singen und Klingen rings um den Stollen wollte kein Ende nehmen, denn die Leute aus Klingenthal und Markneukirchen waren da mit ihren Harmonikas, ihren Geigen und Instrumenten. Weihnachtslieder und Militärmärsche erklangen in sorglosem Durcheinander, als solle das gewickelte Kindlein mit Kling, Klang und Gloria in der Welt empfangen werden.

Hierher gehört auch die naive, lehrhafte Bilderwelt des „Bösen Dreiers" der Alt-Dresdner Erzählung von den armen, braven Kindern aus dem Schuhmachergäßchen und den garstigen, reichen, verzärtelten Kindern aus dem reichen Bäckerhause. Mit rauschenden Röcken über der Krinoline, den Longschal über der Schulter, hinter sich die dralle Dienstmagd mit dem verdeckten Henkelkorbe, ging die stolze Bäckersfrau an den frierenden Kleinen vorüber, die an der Ecke des Altmarktes ihre Pflaumentoffel feilhielten. Es knurrte ihnen der Magen vor Hunger … indes die Bäckerbuben die Backen mit Rosinen und Mandeln stopften. Aber sieh da! In die arme Stube unter Dach kam der Christengel mit dem schneeweißen Stollenkindlein, und so erhielten Fleiß und Bravheit den verdienten Lohn, nämlich Wohlergehen auf Erden. Doch eine zarte Liebesgeschichte sei nicht vergessen, die Kügelgen in seine Jugenderzählung mit einflicht. Es ist die Geschichte vom Hagestolz Näke zu Freiberg, der, aller Weiblichkeit von Herzen abhold, im Schneegestöber über den Weihnachtsmarkt der alten Silber- und Domstadt Freiberg streift. Da findet er im Domwinkel sitzend, zitternd und frierend ein Mägdelein. Da er aber wohlwollenden Herzens war, schlang er sogleich seinen Mantel um das Geschöpfchen und ging zur nächsten Bude, ihr einen Stollen zu kaufen. Dabei erfuhr er, daß das Mägdlein Waise sei und bei hartherzigen Leuten in der Pflege. Das tat ihm denn in der Seele weh, er gab das Mägdlein zu freundlichen, guten Menschen und sorgte sich selbst um seine Erziehung. Es wuchs zu einer lieblichen Jungfrau heran und … Kügelgen lernte sie kennen als die

Madame Näke, die Eheliebste des bekehrten Junggesellen und glücklichen Hausvaters Näke. […]

Bilder vom feinen, innigen Zeichenstift Ludwig Richters werden wach, und die enge, strenge Traulichkeit des Bürgerhauses jener Zeit wird Wirklichkeit. Und damit ist die Neugier da: Wie mag es zur Stollenbackzeit in einem solchen Hause zugegangen sein?

Alte Familienpapiere und Überlieferungen, das Studium handgeschriebener Kochbücher, das sauber geführte Ausgabenbuch der Alt-Dresdner Hausfrau haben ihre eigene Geschichte.

Beim Rosinenlesen mußte das junge Volk pfeifend oder unablässig Choräle singend, dabeisitzen. Wer versuchte, eine süße Zibebe in den Mund zu stopfen, wurde bald als Naschkatze allen offenbar. Dazumal verkaufte der Kaufmann noch die großen Rosinen …, jene, die im Kopf zu haben sich mancher verdächtig machte … mit den vielen, kleinen Kernen darin. Mit silberner Gabel wurden sie gelockert und entkernt. Das gab klebrige Finger und ebenso klebrige Türschlösser und Klinken. So peinlich ordentlich die Hausfrau sonst auch war: zur Weihnachtszeit ließ sie solches ruhig hingehen. Unaufhörlich bosselte es im Mörser aus Kupfer oder sächsischem Serpentin, flog das Wiegemesser, um die Mandeln fein zu schneiden, knackte die große Zuckerzange, um den Hutzucker, der in seinen Hüllen aus tütenblauem Papier regimenterweise aufgepflanzt war, zu zerkleinern. Den feinen Kristallzucker, die Reib- und Hobelmaschinen kannte die altväterische Dresdner Küche nicht, sie brauchte viele fleißige Hände, viele Mühewaltungen, willig getane Beschwernisse, hatte dafür aber auch ihren eigenen Zauber und das unaufhörliche Klopfen, Mörsern und Hacken waren Geräusche, die für die erwartungsfrohe weihnachtliche Backzeit unerläßlich waren.

In der Küche wurden Türen und Fenster sorgfältig verschlossen gehalten, der echten Backwärme wegen, die die Milch stubenwarm erhalten mußte, damit das Hefenstück nicht „erschrak". Jene altdresdner dämmerige Küche, die oft gar kein Fenster nach außen hin hatte, sondern nur ihre Rundbogen hinaus zum Gange, von dem sie ihr gedämpftes, schummeriges Licht empfing. Weshalb im Herdwinkel immer der Kienspan flackern mußte oder das Öllämpchen mit dem blitzblanken Messingblaker. Gewiß keine leichte, nach heutiger Forderung hygienische Küche, aber eine sehr trauliche Küche, die Heimstatt unzähliger leckerer Mahlzeiten, das Wochen- und Kinderstübchen des königlichen Kindes, in dem es gedieh, in dem es sich wohlbefand.

Sukkade und Orange, geschnippelt und zu Bergen getürmt, Mandeln, süß und bitterlich, Weizenmehl, lustig und gestäubt, viele Metzen schwere, gute, würzige Bauernbutter, die die Butterfrau vom Lande schon vom Sommer an heranschleppte. Jene großen, blauen Steinkruken, die man auf dem Töpfermarkt bei den Bunzlauern kaufte, enthielten die Butter, zerlassen, geläutert, eingelegt. Wer wußte dazumal von den reinen, goldenen Butterwürfeln, die der Molkereibesitzer aus Holstein oder Mecklenburg bereit ist, jedermann pünktlich ins Haus zu schicken? Es war vielmehr die Sache der Hausfrau, fürs Stollenbacken schon im Sommer Vorsorge zu treffen und sich ihre Backbutter in den Dörfern mit dem schnurrigen, wendischen Namen, die auf lieblichen Hügeln rings um die Stadt lagen, zu sichern.

In ihr war dann noch etwas zu spüren vom orgelnden Gebrüll schwerer, bunter Kühe, vom eilig strippenden Melken flinker Mägde. Sie duftete nach Bauernhof, nach Stall, gemahnte vielleicht auch an den strotzenden, aufgetürmten Misthaufen, auf dessen Spitze der Hahn krähend stand. Es war goldgelbe Bauernbutter, die nun sanft zerschmolz und vom stäubenden Mehl gierig aufgesogen wurde. Bauernhofduftend war auch die Milch in den großen, blauen Kannen, die nun wohlig lauwarm im Ofenwinkel dämmerte. Und die süßen Zutaten! Sie kamen allesamt aus dem Kaufladen, dem altdresdner Gemischtwarenlädchen, zu dem ein kleines Treppchen hinanführte und dessen Ladenglocke unaufhörlich schepperte. Einem Lädchen, wie es Ludwig Richter zeichnend umdichtete, als sein Kindheitsparadies bei den würdigen Großeltern, die solche ehrsame Ladenbesitzer waren. Mann und Frau standen hinterm Ladentisch, die kleinen Lehrlinge flogen mit Treppenleiter und Sirupkännchen wie ihre leiblichen, streng erzogenen Kinder beflissen hin und her. Es dufetete nach tausend Dingen, und von diesem Duft bekamen Rosinen und Mandeln, Zitronat und Zuckerhut ihr Teil ab, um dadurch nur noch geheimnisreicher, weihnachtsträchtiger zu werden. Dieser Laden war eine Zauberhöhle von Sirup und Rüböl, von Schuhwichse und Schmierseife, von Anis und Lakritzen, überhaucht vom Duft des Rosenwassers, des scharfen, indischen Pfeffers, des Schneeberger Schnupftabaks. In diesem Laden wurde nach Lot, Unze und Quentchen abgewogen, nach Groschen und Dreier gerechnet, jedem sein Teil zugemessen, das in spitze, blaue Tüten verpackt und im Deckelkorb der Hausfrau versenkt wurde. Hier wurde das große

Weihnachtsgeschäft besorgt, die Stollenzutaten für die
vielköpfige Familie.

Von der wonnigen Vielfalt dieser Zauberhöhle wurden
die Backzutaten niemals ganz frei und sollten es auch gar
nicht sein. Das Aroma eines echten Dresdner Stollens war
gewiß nicht in dieses und jenes zu scheiden und zu zerglie-
dern. Zu ihm gehörte das sorglose Ungefähr, das trauliche
Nebeneinander von Ware und Ware, diese kleine, Wochen
während Nachbarschaft oder auch Liebschaft von Dingen,
die von rechtswegen schiedlich getrennt sein müßten. Jene

Machtbereiche von Stiefelwichse, Brennöl, Rübensaft und Lakritzen, die sich nimmermehr berühren dürften, die einander aber doch verstohlen abtasteten, in reizender Unordnung, in einem liebenswürdigen Ungefähr.

Es gehört zum sächsischen Christstollen, es mit dem gestrengen Rezept nicht so ganz genau zu nehmen, sondern dort etwas hinzuzuschweppern, da etwas abzuknapsen.

Eine kleine List sei erlaubt, von der Nachbarin darf etwas abgeguckt werden, vom Bäckermeister eine kleine Geschichte erzählt, im Ridikül ein Tütchen verwahrt mit einer pfefferprisenkleinen Heimlichkeit, in unbewachtem Augenblick über den fertigen Teig hingepulvert.

Wenn das Hefenstück schon vor einem rauhen Lüftchen erschrickt, so erschrickt es erst recht vor barschem Anruf, vor dem harten, kurzen Wort.

Der Stollen verlangt, daß man ihm mit Höflichkeit und Freundlichkeit begegne.

Hausfrauen, die sich am Backtroge nicht vertragen, wird der Stollen mißlingen, er kommt dann mit einer verkrochenen Seele zur Welt und wird niemand munden.

Allein bei Sachsen fühlt sich der Stollen wohl, will nirgendwo als in Sachsen geboren werden und ergibt sich nur den Fäusten des sächsischen Bäckerjungen.

Er bedarf ferner der sächsischen Luft, die nicht rauh einherpfeift, aber auch nicht schwül über den Türmen lagert. Sie kommt frisch und düftereich vom nahen Gebirge, durchpulvert von ein wenig Sandsteinstaub, den ihr die Löcher und Schrunden des Elbsandsteingebirges mitgaben. Solche Luft, backstubengerecht erwärmt, muß in den blasigen Hefeteig hereingewalkt werden, der auch einmal einen Schwapp Wasser annimmt, das aber sächsisches Wasser sein muß. Von den glasklaren Nebenflüssen der gemächlich dahinziehenden Elbe, die wortreich über glitzernde Kiesel schwatzen und sich im feinen Heidesand klären.

Vor allem aber verlangt der Stollen die rechte Backstimmung in der warmen, dunstigen Stube, in der zur Weihnachtszeit sich nicht nur Meister, Meisterin und Gesellen zusammenfinden, sondern auch die Hausfrauen der Umgegend. Sie kommen mit ihren Kannen und Körben am unverrückbar festgesetzten Backtage, die großen Kinder mit dem Stellwägelchen hinter sich drein. Dann aber muß jenes Band der Wertschätzung und des Vertrauens zwischen Bäckermeister und Kundschaft sich traulich anspinnen, das allein ein gutes Stollenbacken sichert. Kühle Geschäftsmäßigkeit läßt den Stollen zur Mumie erstarren. Er will guten Tag und guten Weg hören, ein paar Wörtchen über das Backen einst und heuer, über Wohl und Wehe des ganzen Stadtviertels, über Familien, die sattsam bekannt sind, und in denen heuer ein lieber Mensch fehlt oder ein neuer hinzugekommen ist. Denn daß wir alle wohl und gesund zum Stollenbacken zusammengekommen, daß Wohlfahrt Leibes und der Seele wieder einmal gesichert scheint, das ist, es möge nicht vergessen werden, Gnade und Gunst. Eine der unerrechenbaren Gaben, die sich nicht herbeizwingen lassen, die aber der Vorsehung immer wieder bittend angetragen sein wollen.

Besinnliche Sprüchlein solcher Art will der Stollen hören, während er gebacken wird, soll er geraten. Er weiß selbst nur zu gut, was Menschenwerk, gute Zutaten und die schönste Backhitze nutze sind: sie sind eitel Schall und Rauch, wenn der rechte Segen fehlt, der das Ganze erst zum rechten Gedeih führt.

Es verlangt der Stollen sein Teil fromme Andacht und das immer lebendige Erinnern, daß es sich in ihm um ein Kindlein handelt, das im sächsischen Büschebettchen gut gewindelt und freundlich gewiegt sein will, damit es auch ein wohlgeraten Kindlein werde.

Er ist aber auch ein königliches Kindlein und verabscheut die Kärglichkeit. Er will nicht knauserig zugemessen und dünn aufgeschnitten sein, er will nicht jemandes eigenen Magen füllen, sondern er will gespendet sein aus einer Hand, die nicht fragt, was die andere tut. Er ist dann bereit, sich aufzuplustern, sich zu dehnen und zu strecken, ja, es geht immer wieder die Rede vom Stollen im gast- und gebefrohen Hause, der kein Ende nimmt, an dem nachts hinzuwächst, was am Tage abgeschnitten wurde. Beim Stollenbacken geschehen Zeichen und Wunder, und fünf ist hier oft eine gerade Zahl. Die Ehefrau des geistlichen Herrn einer kleinen, sächsischen Stadt tat sich zum Stollenbacken zusammen mit der kinderreichen Ehefrau des Doktors. Diese war mit kleinem Körbchen, jene mit großen Bütten zum Backen ausgezogen. Beim Einpacken gab es sich wie von ungefähr, daß der Frau Pfarrer vom Bäckerjungen ein gut Teil des Doktorstollen mit aufgepackt wurde. „Auf deinen Stollen ruht der Segen!" lobte und pries daheim der geistliche Herr. Während es im Doktorhause ein wenig lange Gesichter gab. Doch wurde der Fall beschwiegen, um der hoheitsvollen Freizügigkeit willen, die dem Stollen selbstverständlich zuerkannt wurde. Wahrscheinlich war er heuer in der Pfarre notwendiger als im Doktorhause ... wer mochte es wissen?

Was das Verlesen, Mörsern und Wiegen bisher Sache der Frauen, so trat beim Durchwalken der Mann auf den Plan, der kräftige Geselle, der mit aufgekrempelten Ärmeln ans Werk ging. Gab sich der Teig geschmeidig seinen starken Fäusten, dann wurde er alsbald zum Bildner, der mit Schwung und Püffen dem Stollen die rechte Kindleinsform gab, was schwer zu erlernen ist, und wohl seit Jahrhunderten von einer Bäckergeneration zur andern erblich überliefert wird. Das Kindlein lag nun auf der Schaufel und verschwand im Schlunde des Backofens.

Wie die treuen Kindermuhmen saßen die Hausfrauen dabei. Gut Ding will Weile haben. Die Haubenbänder lockerten sich, die Stricknadeln flogen, auch die Lippen waren nicht stumm. Nur eines blieb unbesprochen: das Stollenrezept! Es ruhte daheim im Geheimschub des verkästelten, eingelegten Sekretärs und war einzig dem Blicke der Hausfrau zugänglich. Meist war es von zierlicher Widmung überwölbt: „Meiner lieben Schwiegertochter, geschrieben am Tage der Hochzeit, von der Ratszimmermeisterin Auguste …" Und wenn nun die eigenen Töchter und Schwiegertöchter den jungen Hausstand begannen?

Eine jede erhielt ihr Stollenrezept, doch keines war gleich dem andern. Jedes war wohl vollendet in sich, aber keines glich dem Ur- und Vorbilde. Es mag viele geheimnisvolle Rezepte auf Erden geben, beispielsweise dasjenige für flüssige Luft, für künstlichen Stickstoff oder für pures Gold. Doch liegen sie alle offener zutage, als das Geheimrezept für den echten Christstollen, dessen Siegelbewahrerin die altdresdner Hausfrau war. Wenn an dieser Stelle eines zu treuen Händen verraten sei, so ist es ein bewährtes Rezept … allein das Geheimrezept ist es nicht. Von ihm wird viel gemunkelt. Die einen erzählen, es hielte sich mit Milch gar nicht auf, es kenne nur die fette, schiere Sahne. Es geht die Rede von einer Metze gestäubten Weizenmehles. Diese Metze Mehl verschlingt begierig vier Pfund reine Butter, reißt sechs Pfund entkernte Rosinen an sich, sättigt sich mit zwei Pfund gestoßenen süßen und einer Hand voll bitteren Mandeln. Begehrt einen hohen Splitterhaufen glasigen Zitronats, gehobelte Orangenschale, nimmt auch einen Hauch Muskatblüte an … leise wie mit kraftloser Hand über ein Stück Zucker gerieben … Die Rosinen aber genehmigen vorher noch ein Bad, und zwar in reinem ostindischen Arrak, wie er in umsponnenen Flaschen im Spezereiladen zu kaufen ist. Ein Tassenkopf goldbraunen, starken jamaikanischen Rums ist unerläßlich, und was die Zitrone betrifft, so wird sie auf dem Zucker abgerieben, mit allgemach entzündeten Fingerspitzen. Das ist ein fettes, gutes, dennoch aber ein nacktes Grundrezept. Was enthielt das Tütchen im Pompadour, dessen Inhalt die Hausfrau im letzten Augenblick über die Backmulde stiebte? Was enthielt die kleine Kristallphiole, aus der sie im letzten Augenblick ein paar Tröpfchen in die fertige Masse taute? Wir wissen es nicht. Wir werden auch nie erfahren, was für eine kleine Nuß es war, die sie über das Reibeisen gleiten ließ, als der Stollen fertig gepudert auf dem Brett ruhte.

Was nun den Einzug des Stollenkindleins ins Haus betraf, so geschah er feierlich und in allen Ehren. Der Duft von geträufelter Butter und Vanille zog in jenen Tagen durch die ganze Stadt, atmete aus allen Haustüren, wehte aus allen Korridoren. Das allzufrische, spröde, noch unbekömmliche Gebäck lag, von kühlem Linnen überdeckt, in der Vorratskammer, deren großen Schlüssel die Hausfrau am Bunde trug.

Bliebe noch etwas zu sagen vom Stollenessen, jenem wackeren Geschäft, dem obzuliegen eitel Lust sein müßte und über das zu reden sich wohl erübrigt, mag der Laie meinen. Mit nichten: sage mir, wie du deinen Stollen ißt, und ich will dir sagen, wer du bist! Ein alter Dresdner Sonderling hatte sich einmal ein ganzes System ausgearbeitet darüber: „wie sich männiglich der Karackter offenbaret in der Art, den Stollen zu verspeisen".

In dieser Sammlung, jenen physiognomischen Forschungen des Lavater nicht unähnlich, beginnt der Eigenbrötler mit jenem Wüstling: „so seinen Stollen mit Butter bestrich und mit westfälischem Pumpernickel belegte". Es nahm mit ihm füglich kein gutes Ende, denn solche Art, dem Stollen zu begegnen, zeigt hinlänglich „daß seine Seele ans Prassen verlohren war".

Doch auch jener Gemütsmensch, der sich aus dem Stollen die Rosinen herauspuhlt, „insonderheit sich an des Nebenmenschen Stollen vergreifet", ist unter Verdacht zu setzen, zusammen mit jenem Gierschlund, welcher „des Stollens himmlisch weißes, butterschweres und zuckerstarres, barock gebautes Dach allsogleich herabbröckelt, statt sich zu diesem Genusse letzlich von der trockenen Rinde an heraufzuarbeiten".

Und was mag aus jenem Dresdner Büblein geworden
sien, das sich nachts am Heiligen Abend aus seinem Bette
erhob, mit bloßen Füßchen zu seinem Gabentisch pilgerte,
das Stollenkindlein in die Arme schloß und sich mit ihm
zum Schlummer niederlegte. Tags darauf fand man im
Bettchen nur noch einige Krümel.

Es gab aber auch einen alten, grämlichen Onkel, der
dabeisaß, wenn die Hausfrau den Stollen aufschnitt und
die süße Kost verschmähte. Er wußte es besser. Er schalt
sie allesamt grobzüngige, einfältige Banausen. Zwischen
Ostern und Pfingsten, wenn die Blümlein blühten und die
Bienlein summten, dann begann bei ihm ein ganz gewalti-
ges Stollenessen. Dann holte er seinen Christstollen aus
dem Fliegenschrank, schälte ihn aus einem mächtigen
Bettlaken und verzehrte bedächtig das gläsern schwere
Marzipan.

Aber fällt nicht um die Weihnachtszeit in den Fenstern
der Apotheken etwas auf? Es sind die vielerlei Magentrop-
fen und Pülverchen, die guten Zieglerschen Tropfen aus
Chinarinde, das Barellasche Pulver und die Unzahl der
durchgreifenden Laxative. Der Stollen fordert seine Opfer,
er hat heiße Stürzen und heiße Kruken in Gefolgschaft und
manche bleichwangige Stollenleiche.

Vom Backen in der alten Stadt, vom Dresdner Christstollen wurde erzählt. Jedoch: Sachsen ist ein buntschecki-
ges Dreieck, hat Zipfel und Ecken, Gipfel und Täler. Und
überall ist der Stollen zu Haus, in der Lausitz mit ihren

177

Striezeln so gut wie im Erzgebirge, das sich nicht mehr wie zur Zeit Thomas Winzers mit einsamen Rosinen, freundlichen Oasen gleich, zufrieden geben wird. Doch mag ein Kind des Gebirges selbst erzählen, wie es beim Stollenbacken in der Kindheitsheimat zuging:

„Das Schönste aber war die Stollenfahrt, eine gute Stunde lang nach der kleinen Stadt. Wir hatten alles vorbereitet, Sukkade geschnitten, unter unablässigem Absingen von Weihnachtsliedern, die unsere junge Gertrud, die frohherzige Hüterin unsrer Kindheit, uns gelehrt. Sie stammte aus Leipzig und war von Kindheit an in der alten Überlieferung des edlen, strengen Kirchengesangs wohlgeschult worden. Sie hatte uns einen kleinen Kanon eingeübt, den sie mit dem Kochlöffel kunstgerecht dirigierte, in dessen Ablauf es aber unmöglich war, sich den Mund voll Naschwerk zu stopfen. Kaum war der Vers zu Ende gesungen, begann er von neuem, verstummte höchstens einmal beim Mehlstieben, das uns Naschkatzen ohnehin außer Betrieb setzte.

,Fröhliche Weihnacht überall!' Die Töpfe, Wannen und Kübel wurden im Schlitten verpackt, von Decken umhüllt, damit die guten Zutaten nicht ,erschraken'. Wir aber hockten schiefschräg im Schlitten oder standen hinten beim Kutscher auf dem Trittbrett. Dann gings um die Mittagsstunde zum Bäcker. Dort wurde nach altem Familienrezept der Stollen geknetet, kunstgerecht in die Form geschlagen, mit Butter beträufelt und endlich mit Zucker bestreut.

Doch ging das Backen nicht immer ohne Zwischenfälle ab. Einmal trat die Flöha höchst unfreundlich über ihre Ufer und überschwemmte die ganze Backstube, so daß uns nichts anderes übrigblieb, als mit Wannen, hölzerne Backschaufeln als Ruder benutzend, einherzusegeln. ,Navigare necesse est!' hatte der kleine Bruder als Sextaner soeben gelernt und feuerte uns damit an. Nun der Stollen war trotzdem wohlgeraten, denn das Wasser ebbte vorm höllischen Feuer des Ofens freundlich zurück, ohne es gelöscht zu haben.

‚Fröhliche Weihnacht überall!' Wenn es ganz dunkel geworden war, die Lichte der festlich geschmückten Klein-
stadtlädchen durch das Gestöber blitzten, der Schnee auf
der Straße vor unbändigem Frost knirschte, von der Kirche her der Feierabend eingeläutet wurde, dann kam die
Stunde der Heimfahrt heran. Dann wurden die Stollen, einer neben dem andern, in die Tiefe des Schlittens verpackt,
von Tüchern sorglich umhüllt, denn bei jähem Tempera-
turwechsel konnte das spröde Gebäck springen. Sie hatten
ihre feierliche Rangordnung: die gewichtigen, großen für
Eltern und Verwandte, die Kleinen für uns Kinder und
endlich diejenigen für unsere Leute und Schützlinge. Ohne
je eine volkskundliche Abhandlung gelesen zu haben, be-
griffen wir Kinder, daß wir hier Abbild und Sinnbild vom
Kindlein in der Krippe, vom zärtlich gebündelten Wickel-
kinde, das rund und handlich zu uns gekommen, nach
Hause fahren durften. Wie ein Kindlein wollte der Stollen
behandelt sein, war empfindlich gegen Zugluft und Püffe,
wollte mit Jubel begrüßt und feierlich eingeholt sein.

Ungeduldig stampften und zuckten die Füchse, während ihre Schellen übermütig läuteten. Der Kutscher hatte eine große, schwarze Pudelmütze auf dem Kopfe, dazu einen riesigen, ungefügen Schafpelz an, während seine Beine in gefütterten Kanonenstiefeln steckten. Wir klemmten und zwängten uns in den Schlitten, die Decke aus Fuchspelz, im eigenen Revier erjagt, übergeknöpft. Dann ging es schellenläutend im flotten Trabe durch die Straßen der kleinen Stadt. Flocken stoben uns ins Gesicht, die Nasenlöcher froren uns zu, an einer Wegbiegung schlingerte der Schlitten und war nahe daran, in den schneeverwehten Straßengraben zu kippen. Wie nun, wenn wir allesamt unter süßen

Stollen begraben wurden, wenn im allgemeinen Durcheinander ein jeder an sich raffen würde, was er nur verzehren konnte?

Jedes Jahr derselbe schlimme, umstürzlerische Traum beim leisen Schlingern des Schlittens, jedesmal die gleiche Versuchung zu Raffsucht und Gier. Jedoch: niemals kippte die Stollenfuhre, niemals lockerte Unordnung die ehernen Weihnachtsgesetze. Geschwinde ging die Fahrt dahin, wie ein köstliches Fähnlein schwebte hinterdrein ein Duft von Vanille und butterschwerem Gebäck. Bis die Füchse den Berg hinankeuchten und die Einfahrt zur Oberförsterei erreichten. Sie nahmen die letzten Schritte immer gemächlich, im Bewußtsein erfüllter Pflicht und der sicheren Nähe des warmen Stalles.

Unter der Tür aber stand mit roten Wangen und blitzenden, braunen Augen unsere junge, hübsche Gertrud, das sangeskundige Leipziger Kind, und klatschte in die Hände. ‚Fröhliche Weihnacht überall, tönet durch die Lüfte, froher Schall!‘ stimmte sie an. Und dann begann das vorsichtige Auspacken und behutsame Hereintragen der Stollen, immer unter Absingen des Kanons, der so rein und fromm erklang, wie er im Hause Johann Sebastian Bachs nicht schöner gesungen werden konnte.

Noch sehe ich Gertrud stehen im Zauber ihrer achtzehn Jahre, ein Stollenwickelkind im Arme, während ihren Lippen hell und makellos der weihnachtliche Lobgesang entströmte.

‚Die Mutter mit dem Kinde ...‘ ging es durch meinen Kindersinn.

Und wieder verband uns unser ländlich frohes Weihnachtserlebnis mit den ewigen Geheimnissen der heiligen Geschichte.“

*

Stollenbacken in der sächsischen Heimat! Frohe Wirklichkeit der einen und sehnsüchtiges Gedenken derer, die das Geschick in die Fremde führte. Die seefeste Kiste, die zu

Beginn der Adventszeit gepackt werden muß, weiß von solcher Weihnachtssehnsucht zu erzählen. Denn welches sächsische Kind mag in der Fremde die gewohnte, liebvertraute Speise entbehren? Ein Gang durch die Straßen im November macht die Reisevorbereitungen des hohen Weltumseglers offenbar. „Beeilen Sie Ihre Bestellung! Am 13. ist der Abgang des letzten Dampfers!"

Da wird ein riesiger Christstollen in seine Blechhülle versenkt, die Holzplanken umfangen ihn, der Deckel senkt sich darüber und wird festgelötet. „Valparaiso" ist mit Blockschrift obenauf gemalt. „Plaza Emanuele" und ein deutscher Familienname dazu. Ersehnter Christstollen, von liebevollen Eltern dem fernen Sohne geschickt, der dort in einem Handelshause als junger Kaufmann arbeitet. Ein anderer geht in die kühle Einsamkeit einer kanadischen Farm, in der junge deutsche Landwirte sich ein neues Leben zu bauen versuchen, im harten Kampfe mit der fremden Scholle. Auf selbstgezimmertem Tische wird der Stollen aus seiner Hülle geschält, sein Duft zieht durch das niedere Gemach der Blockhütte. „Ontario, Kanada" ist mit Riesenbuchstaben als Bestimmungsland angegeben. Dicht daneben liegt die Kiste: „An das Deutsche Konsulat zu Schanghai". Eine heiße, kleine Wohnung im Gesandtschaftsviertel Schanghais, die chinesische Dienerin räumt auf, hält die Abendmahlzeit aus Huhn und Reis bereit, schleppt dann die Sendung aus Deutschland herbei und überlegt, was wohl der junge Doktor, wenn er aus dem Büro heimkommt, darin finden wird.

Deutlicher als alle Träume von Ferne und Fremde spricht ein Brief, den ein sächsischer Bäckermeister einst von einem deutschen Farmer aus dem alten Deutsch-Südwestafrika erhielt und den er sich aufbewahrte als teures Andenken an das tapfer erarbeitete Land, das deutsche Männer und Frauen sich in Sand, Dornen und Gefahr zu eigen machten:

„Pünktlich am 23. Dezember kam Ihre schöne Stollenkiste an und wurde am 24. Dezember von meiner Frau, den Kindern und mir selbst feierlich geöffnet. Wir hatten uns

unsere Gaben auf der Veranda aufgebaut und dort hob sich auch der hölzerne Deckel von dem Stollen, der so gut und seefest verpackt war, daß er frisch und rösch ankam. Wir schälten ihn aus seinen Hüllen. Rein und weiß lag er da. Die Sehnsucht nach der Heimat überwältigte uns so, daß wir kaum wagten, das Messer anzusetzen. Darüber hatten wir ganz unsere kleine Kindermagd, das Hereromädchen Karunga, vergessen. Neugierig war sie herzugekommen, beugte sich über das Stollenwickelkind und betrachtete es mit banger Scheu. Sie zeigte uns durch Worte und Gebärden, was sie von dem Wunder in der Kiste hielt: es war gewiß ein Schutzheiliger, ein wundertätiges, kleines Götzenbild, ein Talisman aus dem fremden Lande, ein bedeutsames, herzbeklemmendes Heiligtum! So saßen wir vor unserem Christstollen und keiner hatte das Herz, ihn anzuschneiden. Hatte das braune Kind nicht recht? Hatte uns der Christstollen nicht allsamt verzaubert? Flüsterte er nicht von der Heimat, einem jeden seine eigene Mär, von uralten Domen und Städten, von Glockenklang und traulich engen Gassen, von Pfarrhaus und Doktorhaus in kleiner, sächsischer Stadt, von Tannenduft und dem geschäftigen Sorgen fürs Fest … Was soll ich Ihnen sagen? Wir haben den Stollen sehr andächtig verzehrt und unsern Kindern, denen die ferne, deutsche Heimat nur ein unbestimmtes Bild ist, erzählt, wie in den Stollen alle guten Geister der heiligen Weihnacht gebannt sind ..."

*

Da liegt es, das Stollenwickelkind, von Butter betaut, mit Zucker bestreut, weiß, wie frischgefallener Schnee, schwer von Zitronat, Rosinen und Mandeln, und jedermann wird zugeben: es scheint ein recht lebenskräftiges Kindlein zu sein! Mehr denn fünfhundert Jahre wurde sein Stammbaum zurückverfolgt und er führte durch alle Wechselfälle des irdischen Daseins. Dieses festgewickelte Kind überstand Kriege und feindliche Einfälle, Weltenwenden im Geiste, Hungersnot und verheerende Seuchen. Es erschien mager in bösen Jahren, gewichtig und fett in guten Zeitläuften. Es nistete sich ein im treuen Handwerkssinn unserer Bäcker wie in den sorgenden Herzen unserer Hausfrauen. Es wurde eins mit Land und Leuten und alter, ehrwürdiger Bürgersitte, es fing den Zauber der weihnachtlichen Geschichte ein und liegt da als ein holdes Versprechen für den Fortbestand alles Lebens. Ist es da vermessen, ist es nicht vielmehr recht und gut, dem Stollen eine starke, freudige Zukunft zu prophezeien, die weiter hineinführt in kommende Jahrhunderte?

Wie rasch auch unser Sinn bisweilen zu wechseln scheint, wie Wünschen und Trachten des menschlichen Herzens oft ungebärdig aufschäumt oder mutlos zurückebbt: es ist das nur das bunte, hastende Spiel der Oberfläche. In der Tiefe bleibt alles gar schlicht, still und einfältig, kreisend um die gleichen ewigen Dinge, die da heißen: Eltern und Kinder, Haus und Hof, Leben und Tod, Auferstehung und Christi Geburt.

Und aus diesen stillen, reinen Gefilden der Seele ersteht auch alljährlich das weiße, süße Kind und kommt zu uns als der Christstollen, unser Liebling jetzt und allezeit.

Lenelies Pause

Stollen (Wecken)

Zu 2 Metzen gutem Weizenmehl nimmt man 4 Kannen gute Milch, 4 Pfund Butter, 2 Rösel gute Weißbierhefen, (oder ¹/₂ Pfund Stückhefen), 2 Pfund große und 2 Pfund kleine Rosinen, ¹/₄ Pfund geschnittene Mandeln, 1 Loth gestoßene Muskatenblume, etwas Salz und 2 Pfund gestoßenen Zucker, auch das Abgeriebene von 2 Citronen.

Die kleinen Rosinen müssen einige Male gewaschen werden, und zwar so lange, bis das Wasser hell bleibt, dann trocknet man sie mit einer Serviette gut ab und liest sie recht fein. Die großen Rosinen werden blos mit einem trockenen Tuche abgerieben und rein gelesen. Sollen nun die Stollen zu einer bestimmten Stunde gebacken werden, so muß man alles dazu Gehörige zurecht gemacht haben, auch das Mehl zuvor in der Stube nahe am warmen Ofen setzen, damit es nicht kalt ist, wenn es gebraucht wird.

Alsdann wird das Mehl durchgesiebt, in die Backmulde (Backtrog) gethan, in der Mitte des Mehls eine Höhlung gemacht, gießt in diese Höhlung zuerst die Hefen, die aber kalt sein müssen, und vermenge sie mit etwas Mehl; dann schüttet man die zerlassene Butter, der Bodensatz muß zurückbleiben, die Rosinen, Mandeln, und was sonst noch dazugehört, über den Teig her, arbeitet Alles recht durcheinander, und zwar so lange, bis der Teig anfängt, sich von den Händen abzulösen. Nun breitet man in einem Korb ein weißes Tuch, bestreut es gut mit Mehl, legt den Teig hinein und setzt ihn an den warmen Ofen und läßt ihn so lange gehen, bis er zum Bäcker getragen wird. Sobald die Stollen aus dem Backofen kommen, streut man, nachdem sie mit Butter bestrichen, Zucker und Zimmet darauf, besprengt sie wohl auch mit Rosenwasser.

Stollenbacken

Ihr Besitz war zusammengeschmolzen. Nach Moritz'
Tode stand sie mit ihrem Vermögen ein, die Schuldner zu-
friedenzustellen, die Ehre des Hauses reinzuwaschen. Unmittelbar darauf mußte sich der Gatte von seiner Praxis
zurückziehen, nur ein paar alte Freunde blieben dem blin-
den Manne treu. Sie gab damals die großen, hellen Zimmer
nach der Bürgerwiese hinaus auf und beschränkte sich auf
das Wohnen nach dem stillen, alten Garten, der mit seinen
uralten Ulmen, rieselnden Brunnen und Steinbänken noch
als ein verträumtes Stück alter Gartenherrlichkeit im immer mehr anwachsenden Großstadtleben lag.

Es war vorauszusehen, daß die Überlieferungen ihres
Haushalts in die Hände Erikas, der Schwiegertochter, gelegt wurden, der Besitz der sächsischen Hausfrau: ihr Stollenrezept und das für Plinsen. Sie war berühmt um beider
willen, allein sie ließ sich nicht gern in die Karten sehen.
Friederike trug die Zutaten in verdeckten Körben zum
Bäcker, sie selbst saß mit am Backofen, von der ersten Minute des Mischens bis zur letzten des Überpuderns der fertigen Kuchenwickelkindlein mit weißem Zucker.

Denn so war ihre Sinnesart: sie konnte im tiefsten Ernst
versinken in die Geheimnisse ihres glaubensstarken Lebens und konnte wenig später, um nicht zu sagen unmittelbar darauf, einen kleinen, klugen hausfraulichen Schach-
zug führen. Mag sein, daß gerade das den großen und ein-
maligen Reiz ihrer Persönlichkeit ausmachte. Sie war geboren in der Stadt Goethes: daß ihr nichts zu klein und zu
gering dünkte, war ihre gesegnete Mitgift.

Mit ihren wunderfeinen Buchstaben gefüllt, ein schön-
schreiberisches Meisterwerk, lag ihr Kochbuch da.

„Stollenrezept von Constance Eckardi geb. Lefaivre, erhalten am Tage der Hochzeit, am 1. Mai Anno 1850 von der
verehrten Frau Schwiegermutter, der Ratszimmermeisterin Eckardi zu Dresden."

Die großen Sultaninen, die getrockneten Weinbeeren,

mußten dazumal noch mit der silbernen Gabel entkernt werden, und Jugend hielt man dabei an, ein Liedchen zu pfeifen. Sechs Pfund der zuckersüßen Beerenlast schrieb das Rezept vor, und hierauf rechnete man eine Metze Mehl. Diese eine Metze riß wiederum vier Pfund der besten Tafelbutter an sich und verschlang zwei Pfund Mandeln, sie begehrte einen süßen Splitterhaufen geschnittenen Zitronats, gehobelte Orangeschalen, wollte noch einen Hauch Muskatblüte und einen guten Schuß Arrak, nahm den Zucker beileibe nicht in der neumodisch kristallisierten Pulverart, sondern wollte ihn nach guter alter Hausfrauenart vom gewichtigen, in blaues Papier geschlagenen Hut. Und auch das nur gemörsert, gesiebt und auf der Zitrone abgerieben. Diese Metze Mehl verschwand geradezu, ertrank und erstickte unter der Üppigkeit der anderen Zutaten, denn sie schluckte noch zwei Kannen süßen Rahm, direkt vom Lande bezogen. Ein solcher Stollen war kein Kuchen mehr zu nennen: er war ein schweres Marzipan, eine schiere Leckerei, die im sächsischen Bürgerhause auf dem Tisch neben buntgoldenen Tassen Meißner Porzellans um die Weihnachtszeit herum duftete.

Jedoch gemengt, geformt, gebacken war der Christstollen noch ein unfertiges Kindlein. Mit zwei Pfund zerlassener, heißer Butter wurde er langsam und sanft betaut und getränkt, Zucker, vanilleduftend, sank wie Schneewolken auf ihn hernieder, bis er endlich heimgetragen wurde mit einer Fahne süßen Duftes hinter sich, die in den Tagen vor dem Fest die ganze Stadt durchzog, aus allen Backstuben, aus allen Hausfluren wundersüß herausatmete.

Constance schob ihr Kochbuch zu den Tagebüchern, die versiegelt wurden. Dann nahm sie ein leeres, neues Heft, in das sie mit kunstvollen Buchstaben noch einmal: „Mein Stollenrezept" malte.

Doch als sie das Originalrezept noch einmal überlas, wollte es ihr scheinen, für das, was Erika im Leben auszurichten hatte, sei es angängig, die fette Sahne in die abgeschaumte Milch abzuwandeln. Sie strich auch den Arrak und beschnitt das Rezept um zwei Pfund Tafelbutter, die sie in Kochschmalz abwandelte, entnahm ihm einige Hände voll Rosinen und auch Mandeln. Sie gewann es nicht über sich, das üppige, von gewichtigen Alt-Dresdner Hausfrauen erprobte Rezept Erika unverstellt zu hinterlassen. Jedem, wie es ihm gebührt! Vielleicht schrieb sie sich auf solche Art noch einmal gründlich vom Herzen, was sie gegen diese Schwiegertochter zeitlebens in sich getragen. Nicht eben Unwillen. Aber doch einen spöttischen Widerspruch, der aus dem Durchschauen dieses Köpfchens und Herzens bis auf den letzten Grund entsprang. Erika war ihr nie Geheimnis gewesen, was sie von Annette immerhin behaupten konnte, und das war etwas, was die Rätin einem Mitmenschen nie verzieh: wenn er in seiner flachen Aufgedecktheit die Geheimnisse des Schöpfers preisgab.

Aus diesem Grunde erhielt Erika ein verbilligtes Stollenrezept!

Sie erhielt auch ein verwässertes Plinsenrezept.

Oh, diese Hefenplinsen, die Friederike um die Fastenzeit zum dampfenden Kaffee im blauweißen Zwiebelmustergeschirr reichte! Mit Butter beträufelte, mit Zucker und Zimmet bestreute, duftende, fette Röllchen, schön aufeinandergetürmt. Moritz pflegte einst vom Plinsengebäck fünfzehn Stück zu verzehren und mit sieben Tassen Kaffee hinunterzuspülen. Sie waren, ihrer Herkunft nach, noch viel altsächsischer als der Christstollen, dessen Geburtsstunde man auf das Jahr 1400 wegen seiner Nachahmung kirchlicher Symbole in der Backware zurückführte. Die Plinse hingegen war das Geschenk der Sorben-Wenden, der tapferen Siedler in der Mark Meißen. Sie hatten das slawische, in Rußland beheimatete Plini mitgebracht, das Gebäck aus lockerem Heidemehl, einst wahrscheinlich auf die glühenden Steine des Herdes geklatscht. Constances altes Rezept war noch mit Lot, Unze und Quentchen abgefaßt und schrieb die Backstubenstimmung als Hauptsache genau vor. Sie mochte denn an dumpfer Wärme einer Wochenstube geglichen haben, denn kein altes Lüftchen durfte das Plinsengebäck beim stillen Geschäft

des Gärens stören. Obwohl sie es in neumodische Maße unschwer umrechnen konnte, tat sie es nicht. Mochte Erika dereinst ein wenig rätseln. Auch wandelte sie die gute Kanne lauer Sahne in Milch und strich fünf Eier.

Noch eine dritte Kostbarkeit verwahrte Constance. Es war durch ein vertrauliches Wörtchen eines erkrankten, vom Hofrat wiederhergestellten Hofkochs der königlichen Küche ins Bürgerhaus herübergesickert: Karpfen à la roi de Pologne, des Karpfens à la polonais, auf gut deutsch des polnischen Karpfens. Kulinarisches Gedenken des großartigen sächsischen Abenteuers, jener Vermählung des Hauses Wettin mit der polnischen Königskrone. Zu Moritzburg in den Teichen schwammen zur Unzahl die mächtigen, uralten Karpfen, die in fröhlichem Fischzug mit dem König als Gott Poseidon, mit schaukelnden Kähnen, die Delphinenköpfe trugen, mit Amphitriten und schilfbehängten Seeungeheuern bei Fackelschein gefangen wurden. Doch schmeckten die fetten Tiere gern etwas verschlammt. Bis der polnische Hofkoch sie auf eigene Art sott. Wie? Das verriet Constances Rezept.

In süßem Sirupsaft und braunem Pfefferkuchen, mit Wurzelzeug und gedörrten Möhren, Zwiebeln, Pilzen, Selleriescheiben, der Zehe Knoblauch. Da standen aber auf dem Herde neben dem heißen Kupferkessel noch sieben Töpfchen, und diese eben enthielten das Geheimnis des Wohlgeschmacks. Da dämpften Rispen Thymians in einer Brühe von Huhn und Kalb, da zog ein Tassenkopf herben

Malagas aus einem Mullsäckchen mit Körnern und Rispen den würzigen Sommerduft, da bannte eine Winzigkeit Essig die Schärfe des grauen Pfeffers. Sieben Töpfchen standen wie die Küchlein um die Henne rings um den großen Topf mit der zähen, braunen Tunke und dem zerteilten Fisch mit dem flachen Kopf und den großen, dummen Augen. Da wandelte sich das bemooste Haupt zu einem würzigen, brennenden, süßsaueren Leckerbissen, da wurde ihm die verschlammte Tiefe Moritzburger Teiche mit Stumpf und Stiel ausgebeizt, bis er fett und lose dem Feinschmecker auf der Zunge zerging. Constance zögerte nicht, das Geheimnis der sieben Töpfchen für eine ferne Zukunft zu versiegeln und sich auf eine tückische kleine Prise Salzes und Pfeffers sowie ein paar obenhin genannter Wurzelwerke zu beschränken. Denn ihr dünkte es mit den Kochverschreibungen wie mit der Daseinswürze: eines schickt sich nicht für alle, und was nützt der Kuh Muskate?

Ach, ein Kochbuch, niemand sage, daß es unwichtig sei, niemand nehme es, wie man so zu sagen pflegt, auf die leichte Achsel. Ein Kochbuch ist schwer von Geschichte, weiß von fetten und mageren Zeiten, von raschem Zusammenfegen des guten Nahrungsgutes und von liebevollem Versenken in jedes kleine Ding zu reden. Ein Kochbuch spiegelt der Mutter die Bildnisse ihrer Lieben, wenigstens ging es Constance so.

Da war der Gatte, der es gern sah, zwischen Ostern und Pfingsten noch einen letzten Stollen im Spind vorzufinden. Ganz kalt und schwer war er inzwischen geworden, ganz erstarrt in Zucker und später Weihnachtsreife. Da war Benjamin, der in der Christnacht heimlich ein solches verzuckertes Wickelkind mit ins Bett genommen und es in der Nacht bis zum letzten Krümchen verzehrt hatte. Da war Moritz, der den Stollen mit Scheiben von Juliens kohlschwarzem Pumpernickel belegt zu verspeisen beliebte. Da war die Praxis, die nach dem Fest mühselig anschwoll durch die Fülle der Magenkranken, der Stolleninvaliden. Und da war das Stollenwunder selbst: es kam wie das

Christkind zu arm und reich, es war mit ihm wie in dem Gleichnis von der Speisung der Vieltausend. Auch der arme Mann hatte um die Weihnachtszeit seinen Christstollen und seinen sächsischen Kaffee, auch die arme, die kinderreiche Mutter sparte, im Sommer schon, für einen Christstollen ein, der auch wirklich der ihre wurde. Das Stollenwunder, liebliche Wundertat, die an der türmereichen, glücklichen Stadt geschah.

Lächelnd gedachte Constance noch einmal der Wunderkraft ihrer Küche und ihrer treuen Priesterin, Friederikens. Wo waren sie immer hergekommen, die guten Mahlzeiten? Auch in den Zeiten, in denen sie als junge Eheleute nur ihr knappes Auskommen gehabt? Sie gedachte der Zeit des Durchzuges österreichischer Truppen, die auch in ihrem Hause Quartier genommen, des Zuges der Gäste und der Armen, die mitgespeist und immer satt geworden waren. Sie gedachte der Seuchenzeiten, in denen ihre Küche dem Wohle der Stadt gedient, und sie berührte scheu die Tage, in denen für sie das Leben stillzustehen schien und in denen es dann doch weiterging im alten Gleichmaß, das Krampf und Qualen milde löste, aus des Hauses Herz heraus, aus der Küche, im Gleichtakt des Rührens, Schneidens und Mörserns, das geschehen mußte, weil Kinder und Hausgenossen leben wollten.

Sie gedachte der rätselvollen Rechenkunst: Lot, Quentchen, Unze, sie haben ihr festes Maß und reichen für so und so viele hungrige Schnäbel. Doch Lot, Unze und Quentchen können kümmern und schrumpfen, sie können aber auch wuchern und sich aufplustern und damit noch ein paar Hungrige mehr sättigen. Der Segen macht es, der auf dem Quentchen liegt, allein der Segen …

Lenelies Pause

In der Küche des Zuckerbäckers

Wir könnten glauben, irrthümlicher Weise in das Arbeits-kabinett einer Blumenfabrik gerathen zu sein. In mehreren großen Kästen liegen die mannigfaltigsten Früchte: Aep-fel, Birnen, Himbeeren, Erdbeeren, an Form und Farbe täuschend den natürlichen nachgebildet. Daneben finden sich aber auch zahlreiche andere kleine Gegenstände: Tau-ben, Kaninchen, Hände u. a. – Der hier beschäftigte Arbei-ter belehrt uns, daß diese Dinge aus „tablirtem" Zucker hergestellt sind. „Um dieselben zu fertigen", sagt er, „wird der Zucker zunächst bis zum Fluge gesotten, dann auf dem Tische mit der Messerklinge tüchtig durchgear-beitet. Er erhält dadurch ein schaumig markiges oder käsi-ges Ansehen. Man kann die Masse entweder einfach weiß lassen, oder ihr durch Zusatz von Orangensaft, Himbeer-saft oder andern Fruchtsäften eine veränderte Färbung und zugleich einen veränderten Geschmack verleihen. Zum Herstellen jener Figuren dienen Gypsformen, ähnlich wie beim Gießen von Blei- und Zinnfiguren. Man macht den Zucker durch Erwärmen wieder flüssig und gießt ihn mit Hilfe eines Trichters, der an seinem Ausguß ein Ventil be-sitzt. Durch einen Druck des Daumens auf einen kleinen Hebel öffnet sich jenes Ventil und läßt die Masse aus-fließen. Die erkalteten und erstarrten Figuren werden aus den Formen genommen, in einem besonderen Zimmer

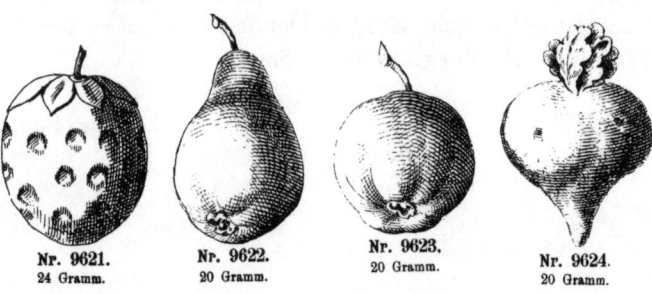

Nr. 9621.
24 Gramm.

Nr. 9622.
20 Gramm.

Nr. 9623.
20 Gramm.

Nr. 9624.
20 Gramm.

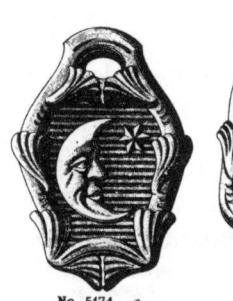

No. 5174. 6 gr   No. 5175. 6½ gr   No. 5176. 7 gr

durch Mädchenhände mit dem Pinsel angemalt und mit allerlei kleinem Ausputz von umwickelten Drahtstielen,
grünen gepreßten Papierblättchen, Bändchen u. dgl. versehen. Morgen werden wir die Sachen in flache Kästen neben
einander legen und einen Tag lang in eine gesättigte
Zuckerlösung einstellen. Es ist dies der kitzlichste Theil
der Arbeit, denn ein kleines Versehen, z. B. das Zerkrü-
meln eines einzigen Gegenstandes reicht hin, das Gelingen
der ganzen Operation zu verhindern. Geht dagegen alles
ohne Unfall gut ab, so überziehen sich die Sachen mit einer
Schicht festen krystallinischen Zuckers, nehmen ein paar
Tage nachher im Innern eine weichmarkige, cremeartige
Beschaffenheit an und sind ebenso appetitlich im Ansehen,
wie delicat zum Genuß."

„Wir haben öfter" – bemerken wir gegen unsern Führer, –
„unter den Zuckersachen für den Weihnachtsbaum allerlei
zierliche Dinge: Buchstaben, Ringe, kleine Früchte, Bohnen
u. dgl. getroffen, die außen aus fester Zuckermasse bestanden, im Innern aber eine wohlschmeckende Flüssigkeit enthielten. Sind diese auch aus solchem tablirten Zucker gefertigt?"

„Nein", entgegnet der Gefragte; „das sind Likörzucker-
sachen, zu deren Herstellung Sie die nöthigen Apparate
hier sehen können, wenn wir auch zufällig heute keine derselben anfertigen. Die Beschäftigung eines Conditors ist so
vielfältig, daß jemand wochenlang zu uns kommen und

doch täglich Neues finden würde. Zu den erwähnten Likörsachen wird der Zucker zunächst im Kessel bis zum Bruche gekocht, dann durch zugeschütteten Likör wieder bis zum ‚Faden‘ verdünnt und hierauf geformt. Das Formen selbst, so schwierig es scheinen könnte, ist doch sehr leicht. Die flachen Blechkästen dieses Gestelles hier sind mit Pudermehl gefüllt. Wir streichen die Oberfläche des letztern mittelst eines Lineals zunächst eben, drücken dann die an Holz- oder Metallstäben befestigten Modelle aus Gyps oder Blei in den Puder ein und gießen den Zucker dann mittelst des Trichters in die offenen Formen. Die Zuckerlösung wird durch den Puder abgestoßen, sie rundet sich beim Erstarren deshalb ab. So lange sie noch warm und flüssig war, blieben Likör und Zucker vermischt, beim Erkalten dagegen bildet der Zucker außen eine feste Kruste, der Likör scheidet sich aus und sammelt sich im Innern derselben. Häufig wählen wir Maraschino als Likör, wir können aber auch, je nachdem wir einen anderen Geschmack hervorbringen wollen, eine andere Likörsorte verwenden. Zu dem Zucker, aus dem diese kleinen braunen Kaffeebohnen gemacht worden sind, haben wir Kaffeegeschmack zugesetzt, d. h. wirklichen, sehr starken, extractartigen Kaffee, zu jenen Wallnußkernen aus Zucker verwendeten wir Wallnußgeschmack, diese rothen Bohnen färbten wir mit ein wenig Carmin und wählten als Füllung Pfeffermünzlikör.“ […]

Der Nachbar des Zuckerthurmbaues ist eben damit beschäftigt, ein paar anderen Torten auf ihrer Oberfläche die reizenden bunten Verzierungen zu geben, die wir wegen ihrer eleganten Formen stets mit Wohlgefallen betrachtet haben. Wir sehen hier vor Augen, wie dieselben entstehen. Der Zuckerkünstler füllt etwas von jenem steifen Zuckereiweißschaum in eine kleine, langzugespitzte Papierdüte, schließt letztere oben, schneidet die Spitze des unteren Endes ab und erzeugt dadurch eine feine Oeffnung. Sobald er die Düte drückt, quillt ein weißer, zäh zusammenhängender Faden heraus, der gewandt und schnell auf der Torte in eleganten Verschlingungen weiter geführt wird. Je nach

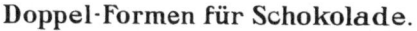

Doppel-Formen für Schokolade.

Nr. 7833.
40 Gramm

Nr. 7834.
65 Gramm.

Nr. 7835. 125 Gramm.

Nr. 7839. 165 Gramm.

Nr. 7840.
58 Gramm.

Nr. 7841. 65 Gramm.

Anton Reiche, Dresden.

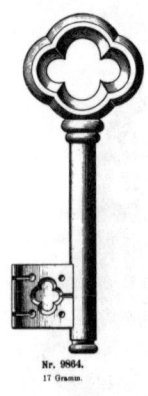

Nr. 9864.
17 Gramm.

der Art des Schnittes kann die Spitzenöffnung rund, zwei- oder mehrspaltig gestaltet werden, je nachdem erhält auch der hervorquellende Faden ein abweichendes Ansehen. Mittelst derselben Düte läßt der Mann binnen wenig Minuten die reizendsten Sachen vor unseren Augen entstehen: hier einen Kranz aus Eichenlaub, dort Arabesken mit feinem Blattwerk und Blumen, auf demselben ein paar sich schnäbelnde Tauben, dann selbst einen Amor im Muschelwagen. Interessant sieht es aus, wie er z. B. ein Engelsköpfchen durch den ausquellenden Zuckereifaden herstellt. Zunächst bildet er aus den Verschlingungen desselben die Löckchen, ein Schaumhäufchen gibt die Stirn und das Haupt; zwei andere werden die Backen, zuletzt endlich wird die Nase als letztes Spitzchen hineingesetzt. Ein paar Pinselstriche müssen später, wenn der Schaum getrocknet ist, Augen und Mund abgeben und die Wangen coloriren. – Dieser Theil der Conditorei erfordert eben so viel guten Geschmack wie Geschick und Uebung, dabei auch einen großen Theil Selbstverleugnung – denn welcher andere Künstler würde nicht den Muth zu seinem Kunstwerke verlieren, wenn er schon während der Arbeit mit Sicherheit wüßte, daß kein Mensch nach dem Namen des Meisters fragen und daß das Meisterstück wenig Stunden nach seiner Vollendung – verzehrt sein wird? [...]

Mit der Conditorei ist hier, – wie auch häufig anderwärts – eine Chocoladenfabrik verbunden, in welcher eine kleine Dampfmaschine von 6–8 Pferdekraft die mechanische Kraft und den nöthigen Dampf liefert. Wir sehen die Vorrichtungen zum Rösten und Zerbröckeln der Cacaobohnen, die Fegemaschine zum Ausscheiden der Schalen und Keimwürzelchen, dann die Granitmühlsteine und Walzen zum völligen Zermahlen des Cacaobreies. Da die hierbei angewendeten Geräthe durch eingeleiteten Dampf warm gehalten werden, um die fettreiche Cacaomasse zum Schmelzen zu bringen, so herrscht in diesem Raume eine förmliche Treibhauswärme. Am stärksten wird jene Presse erhitzt, mittelst welcher der in Preßtücher eingeschlagene Cacaobrei von seinem Fette, der Cacaobutter befreit – entölt – wird. [...] Die schwärzliche pulverige entölte Cacaomasse wird als Gesundheitschocolade Leuten mit schwacher Verdauung empfohlen. Alle diejenigen Theile der Maschinen, welche mit der Cacaomasse unmittelbar in Berührung kommen, finden wir hier aus Granit hergestellt, – Eisen dabei sorgfältig vermieden, da dieses der Masse einen unangenehmen Geschmack mittheilt. Selbst die kesselartige Vorrichtung mit umlaufendem Rollstein, in welcher die Cacaomasse mit Zucker und Gewürz zu Chocolade gemischt wird, ist aus Granit.

Wir empfangen hier reiche Belehrung über das Capitel der Chocoladenfälschungen, die natürlich bei allen „wohlfeilen" Chocoladensorten vorgenommen werden müssen, da die Cacaobohnen stets in verhältnißmäßig hohem Preise stehen. Die Fabrik, in welcher wir uns befinden, hat nur unverfälschte, deshalb aber auch nur theure Sorten.

Aus einem Nebenzimmer erschallt ein betäubender Lärm. Derselbe wird durch den „Rattertisch" erzeugt, auf welchem der Chocoladenbrei in den blechernen, verzinnten Formen glatt gerüttelt wird. Der Treibriemen der Dampfmaschine setzt unterhalb der Tischplatte zwei Walzen mit Zahnrädern in Umdrehung, welche gegen Eisenschienen der Tischplatte schlagen. Ein Arbeiter füllt warmen Chocoladenbrei in die Formen, ein anderer streicht verschiedene Blechformen zu Chocoladenfiguren: Schlüssel, Männern, Buchstaben u. dgl. mit etwas Cacaobutter aus, um den Erzeugnissen ein gefälliges, glänzendes Ansehen zu verleihen. Wir können uns nicht länger hier aufhalten und etwa die vielfältigen Verbindungen verfolgen, eben so wenig die Geheimnisse der Küche belauschen, in welcher Kaffee und Chocolade mit Hilfe von Dampfheizung in kürzester Zeit zum Trinken fertig gebraut werden.

Hermann Wagner

Neues Dresdner
Koch- Back-
und Wirthschaftsbuch
oder Anweisung,
wie man gute Speisen und Backwerk für
Personen von allerley Ständen
bereiten könne.

Herausgegeben
für alle solche Hausmütter und junge Frauen-
zimmer, welche ihre Küche und Haushaltung
selbst besorgen, und ihre Geschäfte mit Nutzen
betreiben wollen.

Ronneburg und Leipzig,
im Verlags-Bureau. 1805.

Von Bereitung mancherley Kuchen und anderen Backwerken

Da es in sehr vielen Häusern eingeführt ist, daß nicht allein an festlichen Tagen oder bey Gastereyen, sondern auch außer diesen, wohl wöchentlich ein oder mehreremale Kuchen oder auch anderes Backwerk auf den Tisch gebracht wird, und man theils, nicht aller Orten Gelegenheit hat aus den Städten von Bäckern oder dergleichen zu erhalten, theils weil es auch wider gute Wirtschaft laufen würde, wenn eine Hausmutter Kuchen oder ander Gebackenes jedesmal von fremden Orten erkaufen wollte, welches sie bey eigener Bereitung nicht allein weil wohlfeiler, sondern auch besser erlangen kann; so ist es wohl nothwendig, daß eine Hauswirthin auch in diesem Fache nicht unerfahren sey und sich diese Leckerbissen selbst bereiten könne. –

Dresdner Weihnachtsstollen
von feinerer Art

Es mag viele geheimnisvolle Rezepte auf Erden geben, doch liegen alle offener zutage, als das Geheimrezept für den echten Christstollen, dessen Siegelbewahrerin die Altdresdner Hausfrau war. Wenn an dieser Stelle eines zu treuen Händen verraten sei, so ist es ein bewährtes Rezept – allein das Geheimrezept ist es nicht.

Von ihm wird viel gemunkelt. Es wird erzählt, es hielte sich mit Milch gar nicht auf, es kenne nur die fette schiere Sahne. Es geht die Rede von einer Metze (8 Pfd. Mehl) gestäubten Weizenmehles. Diese Metze verschlingt begierig 4 Pfd. der besten Tafelbutter, reißt 6 Pfd. entkernte Sultaninen an sich, sättigt sich mit 2 Pfd. Mandeln. Begehrt einen hohen Splittergestoßenen und einer Hand voll bitterer haufen glasigen Zitronats, gehobelte Orangenschale, nimmt auch einen Hauch Muskatblüte an – leise wie mit kraftloser Hand über ein Stück Zucker gerieben –, verlangt nach einem guten Schuß Arrak und nimmt den Zucker beileibe nicht in der neumodisch kristallisierten Pulverart, sondern will ihn nach guter, alter Hausfrauenart vom gewichtigen, in blaues Papier geschlagenen Hut, und auch das nur gemörsert, gesiebt und auf der Zitrone abgerieben.

Diese Metze Weizenmehl verschwindet geradezu, ertrinkt und erstickt unter der Üppigkeit der anderen Zutaten. Sie schluckt noch 2 Kannen süßen Rahm, direkt vom Lande bezogen.

Das ist ein fettes, gutes, dennoch aber ein nacktes Grundrezept. Was enthielt das Tütchen im Pompadour, dessen Inhalt die Hausfrau im letzten Augenblick über die Backmulde siebte? Was enthielt die kleine Kristallphiole, aus der sie im letzten Augenblick ein Tröpfen in die Masse taute? Wir wissen es nicht. Wir werden auch nie erfahren, was für eine kleine Nuß es war, die sie über das Reibeisen gleiten ließ, als der Stollen fertig gepudert auf dem Brett ruhte.

Ein solcher Stollen ist kein Kuchen mehr zu nennen: es

ist schweres Marzipan, eine schiere Leckerei, die im sächsischen Bürgerhaus auf dem Tisch neben buntgoldenen Tassen Meißner Porzellans um die Weihnachtszeit herum duftete. – Jedoch gemengt, geformt und gebacken ist der Christstollen noch ein unfertiges Kindlein. Mit 2 Pfd. zerlassener heißer Butter wird er langsam und sanft betaut und getränkt, Zucker vanilleduftend sinkt wie Schneewolken auf ihn hernieder, bis er endlich heimgetragen wird, mit einer Fahne süßen Duftes hinter sich, die in den Tagen vor dem Fest die ganze Stadt durchzieht und aus allen Backstuben, aus allen Hausfluren herausatmet.

Rahmkuchen

Von feinem Waitzenmehle, einer halben Kanne oder etwas mehr, recht guten dicken und frischen Rahm oder Sahne, 3–4 Eyerdottern, etwas Zucker und gestoßenen Muskatenblumen und ohngefähr $1/2$ Pfund Butter (wovon jedoch etwas oben auf den Kuchen gethan wird) bereitet man einen etwas geschmeidigen nicht zu festen Teig, treibt solchen auf Papier oder Blech auf, und bäckt ihn in einem nicht zu heißen Ofen gahr.

Käsekuchen

Man bereitet nach der oben angegebenen Anweisung einen Butterteig, rollt diesen ziemlich dünne aus, bestreicht ihn mit zerlassener Butter, streut von ganz weißen ziemlich harten, ungesalzenen auf einem Reibeisen klargeriebenen Käse, kleine Rosinen, Zucker und Zimmt ziemlich dicke darauf, gießt zuletzt noch etwas recht gute Sahne oder Rahm oben darüber her und bäckt den Kuchen gahr. Wenn der Kuchen aus den Ofen kommt, so wird noch etwas klarer Zucker und Zimmt darauf gestreuet. Einige bereiten dergleichen Käsekuchen auch ohne Sahne oder Rahm darüber zu gießen.

Ordinaire Butterkuchen

Man nimmt ¹/₄ Kanne recht guten süßen Rahm oder Sahne, ¹/₂ Pfund geschmolzene Butter, etliche Eyer, etwas gestoßene Muskatenblumen, 4–6 Löffel voll gute Hefen und mit Hinzuthuung so viel Mehles als nöthig ist, einen nicht zu lockern Teig daraus zu bereiten, läßt ihn an einen warmen Orte gehörig aufgehen, rollt ihn auf einem mit Butter bestrichenen und etwas Mehl bestreueten Papiere in mäßiger Dicke zu einem Kuchen auf, macht einen Rand darum, bestreicht den Kuchen über und über mit Butter, bäckt denselben im Ofen gahr, und wenn er aus dem Ofen genommen worden, und noch warm ist, so wird er nochmals mit Butter bestrichen und mit Zucker gut bestreuet.

Liebhaber von Rosinen, pflegen in dergleichen Kuchen auch nach Belieben etwas große und kleine Rosinen nebst den übrigen Zuthaten mit dem Teig zu vermischen.

Pfannkuchen auf andere Art

Man nimmt etwa ¹/₂ Maas gute süße Milch, einige Löffel voll gute Hefen, etwas zerlassene Butter, 4–6 Loth klaren Zucker, die Dottern von 6–8 Eyern auch etwas geriebene Muskatennuß, rührt alles dies mit etwas ganz feinen Mehle eine Zeitlang recht gut durch einander und zu einem nicht gar zu steifen Teige, und setzt den Teig an einen warmen Ort zum Aufgehen hin. Hierauf werden vermittelst eines Kuchenrädchens kleine länglichte und viereckigte Kuchen daraus gemacht und wie oben schon gedacht, in Butter oder Schmalz gebacken.

Will man gefüllte Pfannkuchen haben, so werden sie entweder mit Kirsch- oder Pflaumenmuß, welches mit feingeschnittener Zitronenschale, ein wenig Wein, Zucker und abgezogenen und klargeschnittenen Mandeln zubereitet werden, oder auch mit Aepfelmuß und kleinen Rosinen, oder Mandelteig gefüllt und gehörig abgebacken.

Plinzen

Man nimmt feines Weizenmehl (einige nehmen auch feines Mehl von Heidekorne oder Buchwaizen hierzu, ersteres ist aber besser), 8–10 Eyerdottern, guten süßen Rahm oder Sahne, Milch, einige Löffel gute Hefen, etwas zerlassene Butter und kleine Rosinen. – Alles dieses wird zu einem flüssigen mehr dünnen als dicken Teig zusammen gerührt, an einen warmen Ort hingestellt, damit der Teig vorhero gut aufgehen möge. Die Plinzen werden in einem flachen eisernen Tiegel, welcher mit Butter sowie das Waffeleisen ausgeschmiert werden muß, über Kohlenfeuer gahr gebacken, und dabey ist nur dieses zu bemerken, daß man nicht zu viel Teig auf einmal in den Tiegel thun dürfe, damit die Plinzen nicht zu dicke gerathen, und gut ausgebacken werden, aber man muß zugleich auch dahin sehen, daß sie nicht verbrennen.

Einige pflegen die gahr gebackenen Plinzen sowie sie aus dem Tiegel kommen, mit zerlassener Butter zu bestreichen, dann in einer Schüssel eine auf die andere hinzulegen und numehro warm zu speisen. – Andere bestreichen die Plinzen nicht mit Butter, wenn sie fertig sind, sondern streuen auf jede derselben klaren Zucker und Zimmt, rollen sie sodann zusammen, und legen eine neben die andere zur Speise in eine Schüssel.

Arme Ritter

Man schneidet Semmel in Scheiben, legt sie in Milch, rührt 3–4 Eyer mit etwas Milch, Zucker und feinen Mehle so dick wie zu einem Eyerkuchen gewöhnlich ist, legt die Semmelscheiben darein, bäckt sie alsdenn in Butter, und wenn sie gut sind, so bestreuet man dieselben mit Zucker und Zimmt.

Nürnberger Kuchen

Man nimmt recht feines Waizenmehl, Rahm oder Sahne, etwas Milch, 6–8 Eyerdottern, einige Löffel voll gute Hefen, Rosinen, etwas gestoßene Muskatenblumen, Zucker und ein wenig Rosenwasser, und bereitet hiervon einen mäßig steifen Teig, setzt ihn bey Wärme zum Aufgehen, und wenn er aufzugehen anfängt, so wird eine gute Portion gute Butter darein geknetet – Hierauf rund wie ein Brod geformt, und nun vermittelst eines Mangelholzes auf mit Butter bestrichenen Papier ohngefähr eines Fingers dicke aufgerollt, ein ordentlicher Rand, (unter welchen Butter gelegt wird) darum gemacht, den Kuchen vor den Einschieben in den Ofen überall mit kleinen Stücken frischer Butter belegt, auch mit zerstoßenen Zimmt und Zucker bestreuet, der Rand mit klar gequirlten Eyerdottern bestrichen und in einem nicht zu heißen Ofen gelbbraun abgebacken. Wenn dieser Kuchen aber seine völlige Güte erlangen soll, so muß er vor dem Einbringen in den Ofen gut aufgegangen seyn, auch soll derselbe vor dem Einschieben mit einer Gabel oder Messer etwas gestippt werden, damit er keine Blasen bekomme.

Dieser wohlschmeckende Kuchen wird von vielen Personen als ein gutes Gebäcke sehr gerne gespeißt.

Zimmtmandeln

Man nimmt geschälte oder von der Haut befreyte Mandeln, weicht diese in Rosenwasser, in welchen etwas Zucker aufgelöst worden, eine Weile ein, nimmt sie alsdann heraus und läßt sie in heißer ungesalzener Butter gelbbraun backen, und so bald sie aus der Pfanne genommen werden, so werden sie auf einem Papiere welches mit recht klar gestoßenen Zucker und Zimmt bestreuet ist, geschwinde herum gewälzt, damit sie, weil sie noch warm sind, Zucker und Zimmt leichte annehmen.

Sollen die Mandeln wie kandirt aussehen, so werden die abgezogenen Mandeln eine Weile in Rosenwasser eingeweicht, herausgenommen, und in einen Durchschlag gelegt, damit das Wasser ablaufe. – Hierauf läßt man ungesalzene Butter in einer Pfanne oder Tiegel recht heiß werden, rührt die Mandeln in klar gestoßenen Zucker und Zimmt umher, legt sie sodann in die heiße Butter und läßt sie backen.

Der
Pfefferkuchenbäcker
und Lebküchler
oder
Anweisung, alle Sorten feiner und ordinärer Pfeffer-
und Honigkuchen zu fertigen. Nebst genauer Angabe
des Verfahrens der berühmten Nürnberger, Thorner,
Danziger und Braunschweiger Lebküchler-Zünfte; sowie
der Herstellung beliebter feiner Pfeffernüßchen, der fei-
nen Zuckerkuchen, der Makronen-, Elisen- und Punsch-
kuchen, des Marcipans und verschiedener Konfekte.

Von
F. H. Stegmann,
Leb- und Pfefferküchler.

Dritte vermehrte und verbesserte Auflage
von
A. Cnyrim.

Weimar, 1875.
Bernhard Friedrich Voigt

Die Lebküchnereien bilden zwar ein eigenes Gewerbe, es giebt jedoch kaum eine Konditorei und Bäckerei, wo nicht ebenfalls Lebkuchen gefertigt werden. Da es bei Letzteren mehr Nebengewerbe ist, so fehlt es oft an den erforderlichen Kenntnissen in der Bearbeitung und an guten Recepten.

Weltberühmt und bekannt sind die Nürnberger Lebkuchen. Abgesehen davon, daß auch bei der Lebküchnerei viel mit Namen gewuchert wird, und selbst oft der gewöhnliche braune Lebkuchen durch Staats-, Kaiser- und dergleichen Namen seinen eigenen Namen, brauner Nürnberger Lebkuchen, ganz verliert, welcher Name ihm

doch eigentlich in allen Welttheilen Eingang verschaffte, so ist es dennoch unläugbar, daß nirgends, trotz vieler Versuche, die Nürnberger an Güte übertroffen wurden. Woher kommt das? hört man fragen, wir bereiten ebenso guten Teig und behandeln die Waare so sorgfältig als möglich, und dennoch kennt Jedermann den Unterschied zwischen den Nürnberger und fremden Lebkuchen. Es ist hierauf zu bemerken, nicht alle Lebküchnereien liefern gute Lebkuchen, auch wenn sie in Nürnberg sind, und es sind vorzugsweise nur einige der älteren Geschäfte, wie die Firmen Schores, jetzt Häberlein, Metzger, Göß etc., welche die besten liefern, und ist dies leicht erklärlich, denn diejenigen Geschäfte, welche einen großen Teigvorrath besitzen, können an Güte und Ansehen die schönsten und besten Lebkuchen liefern. Denn wenn auch der Teig noch so sorgfältig hergerichtet ist, so ist es doch unmöglich, daß eine innige Vermengung und Zersetzung aller Theile stattfinden kann, und geschieht dies erst durch längeres Ruhen des Teiges, wo er Zeit gewinnt, sich innig zu verbinden und sich der wässerigen Theile durch Verdunstung zu entledigen, wodurch er an Güte und Backfähigkeit gewinnt.

Der kleine Geschäftsmann, welcher seine Teige einige Wochen vor Weihnachten herrichtet, muß solche bis dahin verarbeiten, selbst wenn sich solche nicht gut backen oder ungünstige, feuchte Witterung eintritt. Der größere Fabrikant legt unreifen oder sonst sich nicht gut backenden Teig zurück, bäckt ihn zu späterer Zeit, oder vermischt ihn mit gutem Teige. Darin liegt ein sehr wesentlicher Umstand für die Herrichtung einer schönen Waare.

Schönes Ansehen, verbunden mit angenehmem Geschmacke, sind Haupterfordernisse einer zum Verkauf zu stellenden eßbaren Waare, wenn dafür guter Absatz gefunden werden soll. Dieses zu erreichen, muß auch des Pfefferküchlers erste Aufgabe sein.

Außer der größten Reinlichkeit sind es drei Punkte, worauf es ankommt, eine schöne Waare herzustellen. Als:

1) Die Materialien, woraus der Pfefferkuchen bereitet wird, als der Honig, der Syrup, das Mehl, die Gewürze und der zum Auftreiben der verschiedenen Teige anzuwendende Trieb.

2) Die Backöfen.

3) Die Geräthe.

1. Die Materialien

1) Der Honig

Guter Honig muß eine lichtgelbliche, in das Weiße scheinende Farbe haben, zum Schneiden steif und körnig sein. Sehr häufig wird der Honig durch Beimischung fremder Bestandtheile verfälscht, als Mehl, Stärke etc. was man jedoch leicht findet, wenn man etwas Honig in einem Kessel aufs Feuer setzt, wo, sobald derselbe geschmolzen ist, sich die fremden Theile zu Boden setzen.

Der am meisten im Handel vorkommende Honig ist der polnische und der westindische Honig. Zu Anwendung in der Pfefferküchelei ist immer der westindische Honig jedem andern vorzuziehen, da er die wenigsten Unreinigkeiten bei sich führt.

2) Der Syrup

Es ist ein Surrogat, welches bei Bereitung des Brodzuckers und Kandis erhalten wird. Es ist der dabei ablaufende, nicht krystallisirbare Zuckersaft (Schleimzucker). Man hat hauptsächlich zwei Sorten, welche im Handel vorkommen, nämlich den, welcher bei der Raffinirung des indischen Zuckers gewonnen, und den Runkelrübensyrup, welcher wieder als raffinirter und Rohsyrup verkauft wird.

Bei Anwendung des Syrups in der Pfefferküchelei ist stets nur indischer Syrup zu kaufen, weil er reiner im Geschmack und auch mehr Süßigkeit hat. Beim Einkaufe des Syrups hat man darauf zu sehen, daß er von reinem Geschmack, d. h., daß er nicht bitter oder brenzlich schmekkend und schön steif sei. Denn je steifer der Syrup, desto mehr Wasser kann zugesetzt werden.

Je schöner, lichter der Syrup ist, je schöner wird die Waare davon.

3) Das Mehl

Um ein gutes Mehl zu erhalten, verwende man zur Bereitung nur ein gutes, reifes, gesundes, von fremdem Gesäme reines und möglichst staubfreies Getreide, welches niemals dumpfen Geruch haben darf und schön trocken ist.

Kann man zu der Erzeugung von Mehl Dampfmühlen benutzen, so ist solches Mehl gewiß vor allem andern vorzuziehen.

Wenigstens rathe ich, das Getreide nur auf kräftigen

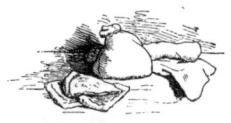

Wassermühlen mahlen zu lassen, da Windmühlenmehl niemals solche Ausbeute liefert.

Zu Anwendung in der Pfefferküchelei halte man auch immer auf Vorrath von Mehl, denn niemals ist von frischem Mehle so gute Waare zu erwarten, als von etwas abgelagertem. Die Aufbewahrung von Mehl geschieht am zweckmäßigsten in trockenen Kammern, wo man es frei hinschüttet und öfters sieben läßt, was namentlich in den Monaten Mai, Juni und Juli nöthig erscheint.

Mehl, welches sich bei anderer Backwaare nicht gut macht, taugt auch zu Lebkuchen nichts.

4) Die Gewürze

als Zimmt (Cassia), Nelken, Kardomom etc., wie sie unter den verschiedenen Sorgen angegeben, soll man niemals im gestoßenen Zustande kaufen, sondern ganz, da man sonst nie sicher ist, daß solche mit fremdartigen Substanzen gemischt sind. Auch lasse man nie mehr auf einmal stoßen, als eben der Bedarf erfordert, da die Gewürze sonst von ihrem Aroma verlieren. Die Bereitung der zu verschiedenen Sorten nöthigen Pomeranzenschalen wird weiter hinten gezeigt werden. Die Aufbewahrung der Gewürze muß immer an einem kühlen Orte stattfinden.

5) Der Trieb oder das Gährungsmittel

Die Anwendung des Triebes in der Pfefferkuchenbäckerei hat denselben Zweck zum Grunde, als die Hefe bei dem Kuchenteige. Nur durch dessen Anwendung ist es möglich, die Waare locker und schön zu fertigen. Deshalb kommt es auf eine ganz gleichmäßige Vertheilung in dem zu verarbeitenden Teige sehr viel an, und muß aus diesem

Grunde der Trieb ganz fein gearbeitet werden, ehe er dem Teige zugesetzt wird.

Auch ist alle Butter und sonstige Fettigkeiten bei Bearbeitung desselben fern zu halten, da diese die Wirkung des Triebes unterdrücken.

Zum Triebe selbst wird Pottasche und kohlensaures Ammoniak angewendet.

Die Pottasche soll niemals gereinigte, sondern solche sein, wie sie im gewöhnlichen Handel vorkommt; am besten und reinsten ist die isländische und russische Pottasche.

Das kohlensaure Ammoniak muß nicht alt, sondern frisch und noch im Besitze des ihm eigenthümlichen stechenden Geruches sein. Hieran und an seiner Härte und ziemlich durchsichtigem Aussehen, welches niemals kreideartig sein darf, erkennt man seine Güte.

Um das Ammoniak gut zu erhalten, muß es in einer mit Schweinsblase doppelt zugebundenen, steinernen Büchse verwahrt werden und an einem nicht feuchten, aber auch nicht warmen Ort aufbewahrt werden. Die nöthige Quantität zu den verschiedenen Teigen wird bei den verschiedenen Arten von Kuchen angegeben sein.

Vom Backen der Pfefferkuchen

Beim Heizen des Ofens sieht man darauf, daß es recht gleichmäßig geschehe und daß nach dem Heizen der Ofen gut gereinigt werde.

Ist dicker oder Suppenhonigkuchen zu backen, so ist dieser in die erste Hitze zu bringen, er verträgt dieselbe Hitze, als zum Brodbacken nöthig ist.

Sind schwache Kuchen zu backen, so mißt man die Hitze dadurch am besten, wenn man etwas Mehl in den Ofen streuet, und es liegt, ohne zu verbrennen, so ist die Hitze gerade angemessen. Wäre die Hitze etwas zu groß, so darf man nur einen der Deckenzüge öffnen, und der Ofen wird bald etwas abgekühlt sein.

Um zu wissen, ob der Kuchen gut ausgebacken sei, darf man nur mit dem Finger leise darauf drücken; bleibt keine Vertiefung bemerkbar, so ist er gut ausgebacken.

Soll der Honigkuchen schön aussehen, so darf der dicke oder Suppenkuchen dunkelgelb aussehen, sämmtliche andere Sorten aber müssen schön goldgelb gebacken werden. Noch will ich bemerken, daß sich Syrup oft sehr leicht dunkel bäckt, wenn die Hitze des Ofens etwas stark ist.

Ferner ist zu bemerken, daß beim Backen von Lebkuchen niemals Glanz (Dunst) im Ofen sein darf. Sollen die Lebkuchen in einem Bäckerofen gebacken werden, so werden solche am schönsten, wenn in dem Ofen bereits zweimal geheizt und gebacken worden ist. Der Ofen besitzt dann nicht mehr die nachtheilige flüchtige Hitze, sondern eine bereits abgekühlte Hitze mit dem erforderlichen Nachdruck und Stand. Ist der Ofen zu kalt, so fällt die Waare zusammen.

Anfertigung der feinen Gewürzkuchen

1) Ganz feiner Gewürzkuchen

Man nehme halb Honigteig, halb Zuckerteig erster Sorte, arbeite erst jede Sorte mit dem nöthigen Triebe, wie oben angegeben. Nur wenn beide Teige gute Probe gegeben, arbeite man sie zusammen unter Beimischung folgender Gewürze: Auf je 5 Kilogrm. Teig nehme man 1 Kilogrm. Mandeln, welche in kleine Stückchen gehackt, zuvor aber gut ausgelesen sind, 375 Grm. kleinwürflig geschnittenen Citronat, 500 Grm. Pomeranzenschalen, welche in Zucker zuvor eingesotten und ebenfalls kleinwürflig geschnitten, 50 Grm. gestoßene Nelken, 166$^2/_3$ Grm. Kassia und 8$^1/_3$ Grm. Kardamomen. Am leichtesten arbeiten sich die Gewürze unter, wenn sie zuvor mit Wasser angefeuchtet sind.

Dieser Teig darf ja nicht fest gearbeitet werden. Nachher wird er in runden Scheiben von beliebiger Größe ausgearbeitet und langsam gebacken. Nach dem Backen wird er mit der weißen Glasur glasirt und mit aufgelegtem roth- und weißglasirtem Marcipan verziert. Die Anfertigung dieses Marcipans ist weiter unten beschrieben.

2) Feiner Gewürzkuchen

Man nehme vom Honigteige 2 Theile, von dem Zuckerteige 1 Theil, bearbeite ihn, wie vorstehend beschrieben, nur nimmt man an Gewürzen wie folgt: Auf je 5 Kilogrm. dieses Teiges 750 Grm. kleingehackte Mandeln, welche zuvor wohl ausgelesen sind, 250 Grm. würflig geschnittenen Citronat und 250 Grm. in Zucker eingesottene Pomeranzenschalen, ebenfalls kleinwürflig geschnitten, 33$^1/_3$ Grm. gestoßene Nelken und 133$^1/_3$ Grm. Kassia gestoßen. Die übrige Bearbeitung, Backen und Verzieren, wie bei Nr. 1 beschrieben.

3) Mittlere Sorte Gewürzkuchen

Man nehme 2 Theile Honigteig, 1 Theil Zuckerteig, bearbeite ihn wie gewöhnlich und setze dann an Gewürzen 500 Grm. kleingehackte rohe Mandeln, 33$^1/_3$ Grm. Nelken und 133$^1/_3$ Grm. Kassia zu. Die übrige Bearbeitung wie bei Nr. 1.

Von dieser Sorte werden auch kleine länglich-viereckige Scheiben gefertigt, welche weißglasirt und in Packeten zu 25 und 50 Pf verkauft werden. In den 25-Pfennig-Packeten sind 5 Scheiben von je 16$^2/_3$ Grm. schwer.

212

4) Weiße Nürnberger Lebkuchen (12 Stück)

$1^1/_2$ Kilogrm. Mandeln werden mit kochendem Wasser überbrüht, die Haut abgeschält, klein geschnitten und auf einem Blech erhitzt (geröstet), bis sie gelblich sind. Unterdessen öffnet man 30 Eier, trennt das Weiße sorgfältig von dem Gelben, schlägt ersteres zu Schaum (es darf nichts Gelbes unter demselben bleiben, indem sonst kein rechter Schaum entsteht), rührt unterdessen auch das Gelbe mit $1^1/_2$ Kilogrm. gestoßenem, getrocknetem Zucker $^1/_2$ Stunde mit $133^1/_3$ Grm. geschnittenen Pomeranzenschalen, $133^1/_3$ Grm. Citronat, $16^2/_3$ Grm. Zimmt, $4^1/_6$ Grm. Kardamomen und $1^2/_3$ Grm. Nelken, mischt es zu dem Schaume, setzt die Mandeln zu, nebst $1^1/_3$ Kilogramm getrocknetem Mehle, streicht die Mischung auf Oblaten und läßt sie bei gelindem Feuer langsam backen.

5) Weiße Lebkuchen

500 Grm. Zucker mit $^1/_8$ Liter Wasser oder Milch gekocht, 525 Grm. Mehl darunter gerührt, nach einigen Stunden $16^2/_3$ Grm. Zimmt, $8^1/_3$ Grm. Nelken, $8^1/_3$ Grm. Kardamomen, 4 Eidotter, $8^1/_3$ Grm. Pottasche (diese wird stets in Wasser gelöst angewandt) oder $1^2/_3$ Grm. kohlensaures Ammoniak.

6) Feine Tafel-Gewürznüßchen

Man nehme 1 Theil Honigteig und 1 Theil Zuckerteig, bearbeite ihn wie gewöhnlich, und breche, nachdem die Probe genommen, $1^1/_2$ Kilogrm. rohe, kleingehackte Mandeln, 375 Grm. Citronat, 500 Grm. Pomeranzenschalen, $166^2/_3$ Grm. Zimmt, 50 Grm. Nelken und $16^2/_3$ Grm. gestoßene Kardamomen auf je 5 Kilogrm. Teig unter.

Von diesem Teige rolle man fingerstarke Streifen und schneide 1 Centim. lange Stückchen davon, welche man in einem feinen Drahtsiebe mit etwas Mehl rund rollt. Nun setze man diese Stückchen auf ein mit Butter schwach ge-

strichenes Blech, doch nur $^3/_4$ Theile des Bleches voll. Dann nimmt man ein Rollholz und rollt so lange bis das Blech ganz voll ist. Backe sie bei langsamer Hitze und glasire sie mit weißer Glasur.

8) Weiße Nürnberger Pfeffernüßchen

Diese weißen Pfeffernüßchen, welche auch Leckerle und Plätzle genannt werden, werden von Nürnberg aus weit versendet und sind ein allgemein beliebtes Gebäck, welches sich auch besonders zum Dessert bei Punsch und Wein eignet.

Man nimmt hierzu: 20 ganze Eier, 2 Kilogrm. feingestoßenen und feingesiebten Meliszucker und schlägt beides ziemlich dick wie Bisquit; hierauf fügt man 25 Grm.

feingeriebenes Hirschhornsalz (Ammonium bicarbonicum), 50 Grm. Zimmt, $16^2/_3$ Grm. Nelken, $8^1/_3$ Grm. Zimmtblüthe, 5 Grm. Kardamomen, 5 Grm. Macisnüsse und eben so viel Macisblüthe und Ingwer, auch das Gelbe von 2 Citronen zu und mischt all dieses, welches selbstverständlich fein zubereitet sein muß, mit $2^1/_4$ Kilogrm. feinstem Weizenmehle darunter.

Von dieser Masse nimmt man Stücken zu 250–500 Grm. schwer und breitet solche mit einem runden Holz von etwa 4 bis 7 Centim. Durchmesser und an beiden Seiten vorstehenden Handhaben, dem sogenannten „Längholz", so weit aus, daß die ausgeflächte Tafel oder der Küchner 3 Millim. dick wird; nun sticht man kleine runde Kuchen oder Plätzle hiervon aus, welche Arbeit man das „Ausstechen" nennt; man benutzt hierzu ein kleines Instrument, welches vom Klempner verfertigt und der „Ausstecher" genannt wird. Es ist dies ein runder hohler Cylinder, an beiden Enden offen und 7 bis 9 Centim. lang, die Oeffnung an dem einen Ende ist 18 Millim. im Durchmesser, und die am andern Ende 2 Centim. weit. Die engere Oeffnung wird scharfkantig gefeilt, und die weitere bekommt durch Umniethen des Bleches einen Kranz oder Kragen in abgerundeter Form. Den Ausstecher nimmt man der Art in die Hand, daß das abgerundete weitere Ende in der Fläche der Hand steht, und so sticht man 3, 4, 5, bis 6 kleine runde Kuchen oder Plätzle nach einander aus, welche man dann durch einen sanften Stoß mit dem weitern Ende des Ausstechers auf den Tisch oder die Arbeitstafel auf diese ausschüttet; man bekommt somit kleine runde Kuchen oder Plätzle von 18 Millim. Durchmesser und 3 Millim. Dicke. Behufs des Auslängens der Masse streut man dabei Weizenmehl unter, um das Ankleben zu hindern, welches Mehl jedoch vor dem Austechen von den beiden Seiten der ausgelängten Tafel oder großen Kuchens mit dem Borstbesen durch Abkehren möglichst wieder entfernt werden muß. Die nach dem Ausstechen von jedem einzelnen Kuchen übrig bleibende zerstückte Masse wird zu dem demnächst auszulängenden Kuchen untergearbeitet.

Die ausgestochenen Kuchen oder Plätzle werden auf
Bleche aufgesetzt, welche man mit Wachs bestrichen hat;
hierzu werden die Bleche etwas erwärmt, dann mit einem
Stück Wachs überfahren, und die nun entstandenen
Wachsstreifen werden mit einem mit Leder überzogenen
Polster gleichmäßig auf der Fläche des Bleches ausgebreitet. Auf die mit Wachs bestrichenen und wieder erkalteten
Bleche werden die ausgestoßenen Plätzle aufgesetzt, wobei man hauptsächlich zu beobachten hat, daß jedes einzelne Plätzle auf den Blechen mindestens 12 Millim. von dem
zunächst liegenden entfernt aufgesetzt wird, dies zwar
deshalb, weil die Plätzle während des Backens bedeutend
fließen, d. h. in Umfang viel größer werden, so daß sie nach
dem Backen meistens reichlich 2 Centim. Durchmesser
des Bodens haben, und durch das Aufsetzen in 1 Centim.
Entfernung von einander verhindert man das Zusammen-
fließen.

Die auf dem Bleche aufgesetzten Plätzle stellt man 1 bis
2 Stunden an einem warmen, doch nicht zu warmen Ort,
so lange zwar, bis sie eine schwache Kruste auf der Oberfläche bekommen haben. In diesem Zustande dürfen aber
die Plätzle noch nicht behufs des Backens in den Ofen gebracht werden, sondern man muß zuvor noch eine ander-
weite Arbeit mit ihnen vornehmen, welche man das „Spritzen" nennt. Dieses Spritzen verrichtet man auf folgende
Weise:

Man benutzt hierzu eine langborstige Bürste, die
Streichbürste genannt, wie solche von den Bäckern zum

Bestreichen des Brodes mit Wasser angewendet wird. Diese Bürste taucht man in kaltes Wasser, giebt dann einen Schwung mit der Hand, um hierdurch das zu viele Wasser zu entfernen, und nun hält man mit der einen Hand die mit Wasser befeuchtete Bürste oberhalb der mit den Plätzchen besetzten Bleche und fährt mit der andern Hand über die Fläche der Borsten, wodurch man zu bewirken sucht, daß kleine Wassertropfen möglichst gleichmäßig auf der Oberfläche sämmtlicher Plätzle vertheilt werden. Dieses Spritzen hat zum Zweck, daß die Pfeffernüßchen während des Backens feine Rißchen bekommen und somit ein gefälliges, den Makronen ähnliches Ansehen erhalten; würde man das Spritzen unterlassen, oder gelangen auf einzelne Plätzle keine Wassertropfen, so bekommen die Pfeffernüsse ein unliebes Ansehen. Zu viel und zu wenig taugt bei dem Spritzen nichts, und der goldne Mittelweg ist hierbei, wie in allen Sachen, der beste.

Die bespritzten Plätzle kommen nun sofort und ohne Verzug behufs des Backens in den Backofen oder in die Backröhre. Die Hitze des Ofens darf nicht zu grell, aber auch nicht zu gering sein, und es vertragen die Plätzle einen etwas heißen Ofen nicht allein, sondern werden auch von Ansehen schöner als in einem zu kühlen Ofen, worüber am besten die Erfahrung bald belehrt.

8) Eine noch feinere Sorte Pfeffernüßchen

Man nimmt hierzu dieselbe Masse, wie vorstehend beschrieben, und behandelt dieselbe auch ebenso, fügt aber noch zu: 125 Grm. Citronat, $83^{1}/_{3}$ Grm. Orangeat, 125 Grm. süße Mandeln, was alles fein gehackt wird. Die Mandeln kann man auch abbrühen, enthäuten, dann trocknen und stoßen und hochgelb rösten, wodurch sie einen noch schöneren aromatischen Geschmack bekommen.

Auch kann man etwas Muskatnuß, Perubalsam und Vanille zusetzen, und es bekommen diese Plätzchen dann einen so angenehmen Geschmack, daß sie manchem viel kostspieligeren Backwerke vorzuziehen sind.

9) Eine wohlfeilere Sorte der weißen Pfeffernüsse

erhält man nach folgender Vorschrift: Man nimmt $666^2/_3$ Grm. frische nicht abgerahmte Milch, erwärmt diese und löst darin auf: 2 Kilogrm. feingestoßenen Meliszucker, dann mengt man unter: $2^1/_2$ Kilogrm. feines Weizenmehl, welches getrocknet und durch ein feines Sieb geschlagen worden ist, dann mengt man unter: klar gestoßenes oder gemahlenes Gewürz, so viel man will und nach den Verkaufspreisen für angemessen hält. Wenn die anfänglich warme Masse ziemlich abgekühlt ist, mengt man darunter: 29 Grm. kohlensaures Ammonium, welches man mit dem Weißen und Gelben von 10 Stück Hühnereiern gut zusammengerührt hat. Die Masse wird nun durch wiederholtes Auslängen und Zusammenschlagen so lange gemengt, bis das Ammonium möglichst gleichmäßig in der ganzen Masse vertheilt ist, was man daran erkennen kann, wenn die Masse keine Streifen mehr zeigt, vielmehr ein ganz gleichförmiges Ansehen zeigt, wobei man Weizenmehl unterstreut, um das Ankleben zu verhüten. Behufs des Unterstreuens von Weizenmehl behält man von diesem von der vorgeschriebenen Quantität etwa 500 Grm. zurück und verwendet dieses zum Unterstreuen, weil außerdem zu viel und mehr, als gehörig, Mehl in die Masse kommen würde.

Die übrige Behandlung mit Ausstechen, Trocknen, Spritzen und Backen ist ganz dieselbe, wie bei der feinen Sorte.

Quellenverzeichnis

Daheim, Jg. 1869, S. 169 ff.

Kurt Arnold Findeisen, Das goldene Weihnachtsbuch, Leipzig 1940.

Ders., Der Perlenwagen, Berlin 1964.

Die kleine sächsische Köchin, Dresden 1854.

Wilhelm von Kügelgen, Jugenderinnerungen eines alten Mannes, Leipzig 1954.

Ders., Zwischen Jugend und Reife des Alten Mannes, Leipzig 1959.

Neues Dresdner Koch- Back- und Wirtschaftsbuch oder Anweisung, wie man gute Speisen und Backwerk für Personen von allerley Ständen bereiten könne, Ronneburg und Leipzig 1805.

Lenelies Pause, Brücke und Strom, Bremen 1937.

Dies., Vom königlichen Kindlein, Hamburg 1956.

Der Pfefferkuchenbäcker und Lebküchler, Weimar 1875.

Ludwig Richter, Dein treuer Vater. Briefe Ludwig Richters aus vier Jahrzehnten an seinen Sohn Heinrich, Leipzig 1953.

Ders., Lebenserinnerungen eines deutschen Malers, Leipzig 1885.

Ernst Rietschel, Erinnerungen aus meinem Leben, Leipzig 1944.

Oskar Seyffert, Aus Dorf und Stadt, Dresden 1921.

Max Zeibig, Bunte Gassen helle Straßen, Dresden 1923.

Albert Zirkler, Hausbuch sächsischer Mundartdichtung, Band 1, Leipzig 1927.

Manfred Bachmann, „Pflaumentoffel", „Der Nußknacker", „Die Räuchermänner", „Die Pyramide" aus: „Holzspielzeug aus dem Erzgebirge" © Verlag der Kunst, Dresden, 1994.

W. Ehlich, „Der Stollen vom ‚Camenzer Hannel'" aus: „Die Union", 12.12.1981 © Verlag Dresdner Nachrichten, Dresden.

Ders., „Weihnachtsgeschenke im alten Dresden" aus: „Die Union", 23.12.1972 © Verlag Dresdner Nachrichten, Dresden.

Erich Kästner, „Ein Kind hat Kummer" aus: „Als ich ein kleiner Junge war" © Atrium Verlag Zürich.

Peter Poprawa, „Der Herrnhuter Stern" aus: „Sächsische Heimat 1999", mit freundlicher Genehmigung des Autors.

Heinz Weise, „Kurrende-Singen, eine Dresdner Weihnachtstradition" aus: „Die Union", 25.12.1981. © Verlag Dresdner Nachrichten, Dresden.

Elke Wengerek, „Engel und Bergmann", mit freundlicher Genehmigung der Autorin.

Heidrun Wozel, „Der erste Christbaumverkäufer", „Des Ratsschreibers Tagebuch", „Gebildgebäck ‚Pfefferkuchen'", „Geschenke aus dem Spielzeugland" aus: „Der Dresdner Striezelmarkt" © Sachsenbuch Verlagsgesellschaft mbH, Leipzig, 1992.

Die einzelnen Abbildungen und zeitgenössischen Illustrationen wurden alten Zeitschriften und verschiedenen Musterbüchern (Verlagsarchiv) entnommen. Einige Illustrationen entstammen dem „Ludwig Richter Album. Sämtliche Holzschnitte 1 u. 2", Berlin 1974.

Der Verlag dankt allen Autoren, Rechtsinhabern und Verlagen für die freundlichen Erlaubnisse zum Abdruck der Beiträge. In den Fällen, in denen die Inhaber der Rechte trotz aller Bemühungen nicht festzustellen oder erreichbar waren, verpflichtet sich der Verlag, rechtmäßige Ansprüche im üblichen Rahmen abzugelten.

219

Inhaltsverzeichnis

Kurt Arnold Findeisen

Das goldene Weihnachtsbuch

144 Seiten, zahlreiche Abbildungen, gebunden

Kurt Arnold Findeisen hat in diesem Buch „sein" Weihnachtsland verewigt, das sicher viele Leser auch als das Ihrige wiedererkennen, als das Weihnachtswunderland der Kindheit. Findeisens 1940 erstmals erschienener „Weihnachtsklassiker" enthält kurze Texte zu all den beliebten Advents- und Weihnachtsbräuchen, die nicht nur in der sächsischen Heimat des Autors, sondern in ganz Deutschland fest zum Repertoire des weihnachtlichen Brauchtums gehören. Er erzählt von Sankt Nikolaus und Knecht Ruprecht, Räucherkerzen, Pfefferkuchen und Nussknackern, Weihnachtsliedern und Weihnachtsmarkt, Pyramiden und Tannenbäumen, Krippen und Geschenken. Um die einzelnen Themen rankt er kleine Geschichten und führt gleichzeitig in den historischen Hindergrund, d. h. die Entstehung sowie die verschiedenen Spielarten der jeweiligen Bräuche ein.

Verlag der Nation